知識ゼロからの部下指導術

弘兼憲史

Kenshi Hirokane

Coaching your staff to achieve your team's target.

リーダーの条件
人材育成
コーチング
ほめ方・叱り方
コミュニケーション術
人事評価
労働基準法

Coaching your staff to achieve your team's target.

部下指導術◎弘兼憲史

幻冬舎

「知識ゼロからの部下指導術」——目次

Part 2

コーチングで部下のやる気と可能性を育てる
―人材育成―

エ○電視劇団
美人劇場

ケーススタディ

困った部下とうまくつきあう ―部下への指導―

Part 3 組織をまとめ、チームの目標を達成する ―組織論―

Part 4
人事労務に関する知識を身につける
―法律知識―

Check

あなたのマネジメント力は？

会社はいろいろな資源を使って成果を上げていく。その資源を有効に活用するのが管理職の役目だ。無駄なく資源を使おうと考えているか、まずはチェックを。

テストのやり方

質問に対して、当てはまるなら「3」、やや当てはまるなら「2」、当てはまらないなら「1」を白欄に記入して、A、B、C、Dそれぞれ縦に合計する。

		A	B	C	D
1	仕事に関する情報には敏感である				
2	経費は必ず予算内に収まるようにしている				
3	人に興味がある				
4	機械やコンピュータの具合が悪いとすぐに対応する				
5	機械の効率向上やパソコンの性能を最大限引き出したい				
6	つねに情報を収集していないと不安だ				
7	部下や同僚が2、3日休むと気になる				
8	企画をする際は必ず他社のことを調査しないと気がすまない				
9	会社に遊休地があるのはもったいない				
10	予算管理の達成には執念をもっている				
11	会社の経営状況を気にしている				
12	人材育成の理論を学んでいる				
	合計				

テストの結果

Aが7点以下
「ヒト」へのマネジメント意識が低い

Bが7点以下
「モノ」へのマネジメント意識が低い

Cが7点以下
「金」へのマネジメント意識が低い

Dが7点以下
「情報」へのマネジメント意識が低い

組織には「ヒト、モノ、金、情報」の4つの経営資源がある。Aは「ヒト」、Bは「モノ」、Cは「金」、Dは「情報」を示し、各項目の合計点が高いほど、その資源への意識が高い。よき管理職としては、8点以上はほしい。

（作成　中村俊之）

Part 1

理想の上司になる

―管理職の役割と資質―

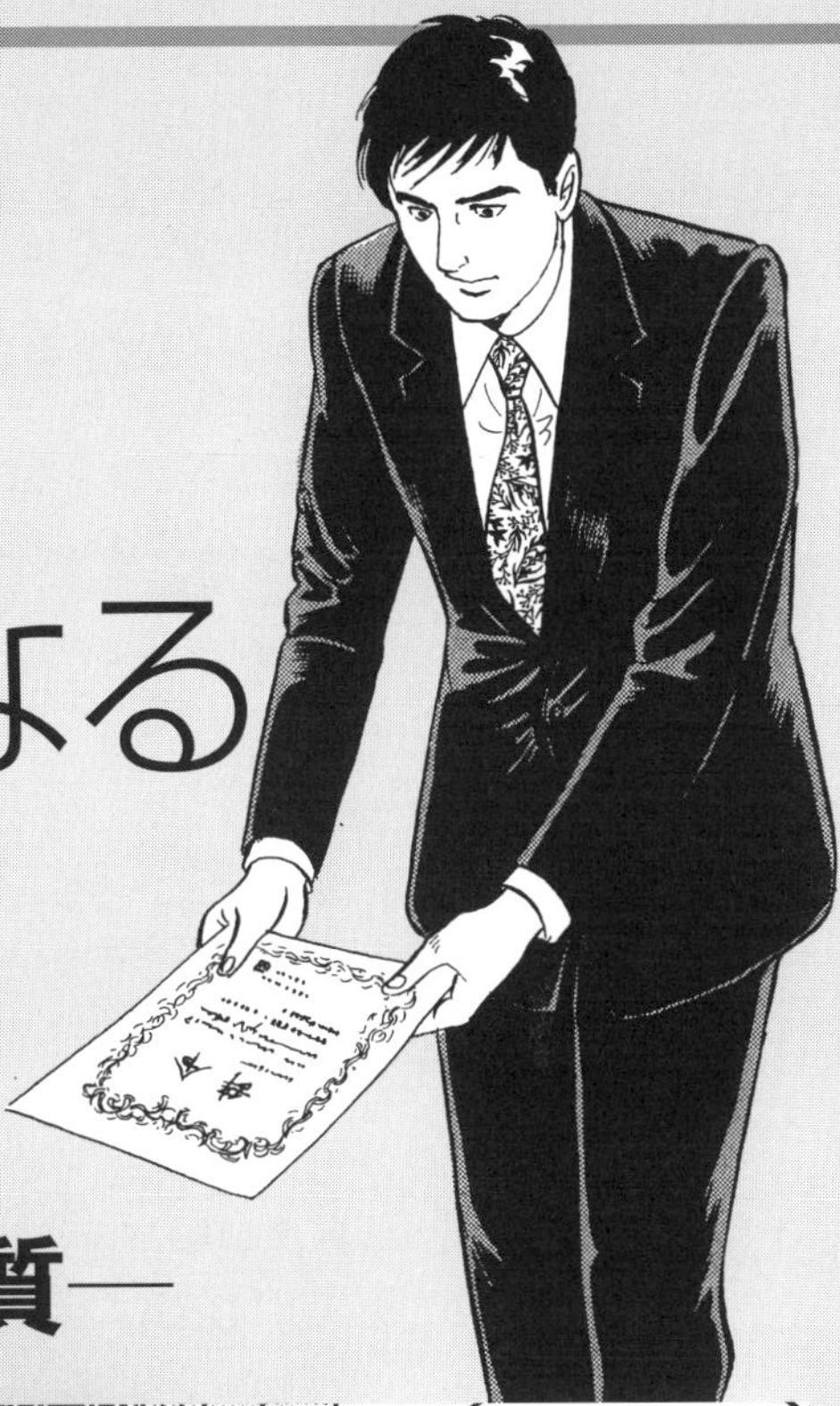

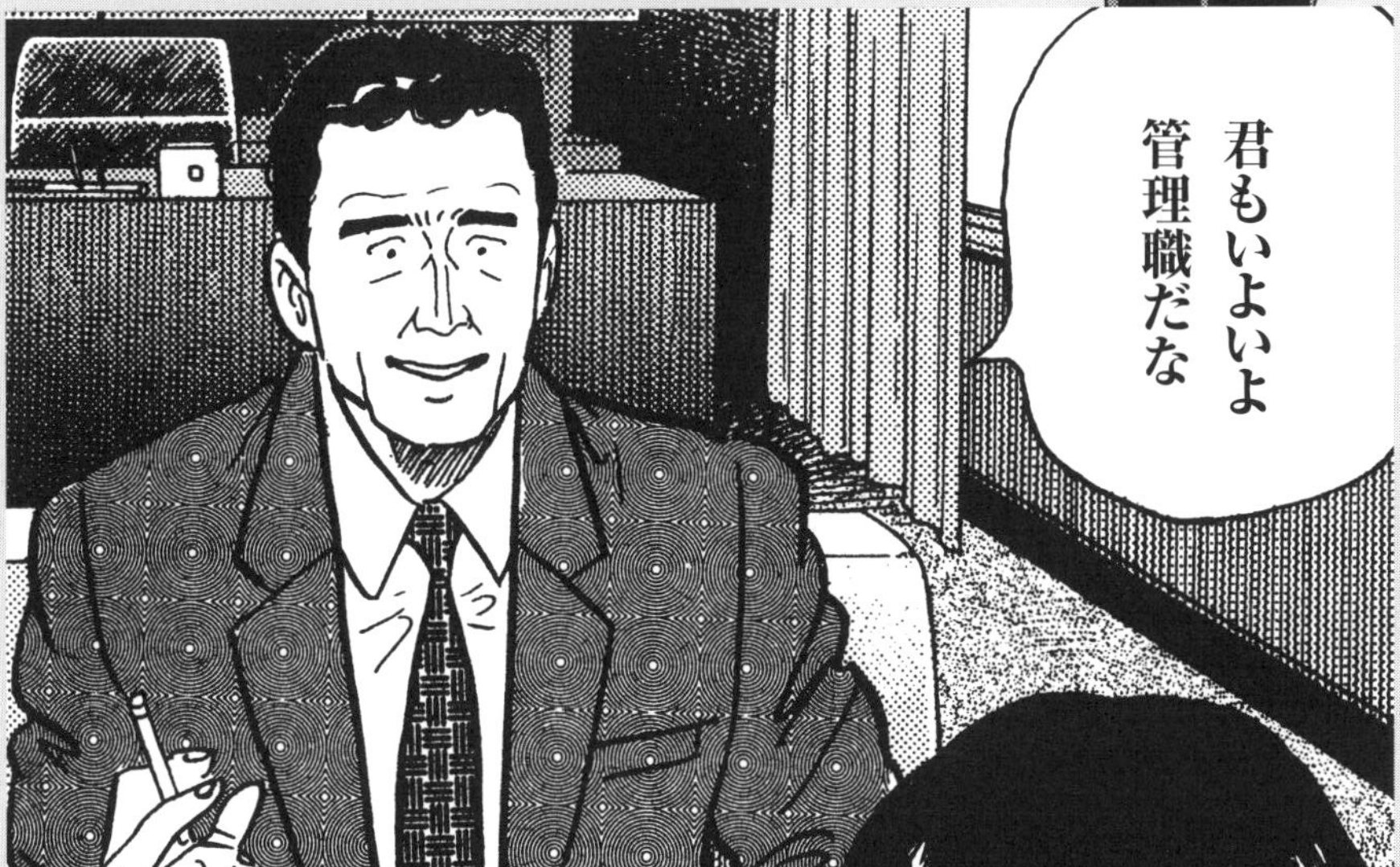
君もいよいよ管理職だな

はじめに

肩書きは人を成長させる。管理職を楽しみたい

管理職の仕事はおもしろい

決断する機会が増える

チームのリーダーとして決定権をもつことが、一般社員との最大の違い。部下に指示を出し、成果を出すための権限が委ねられる。同時に、結果に対する責任も大きくなる。

情報、人脈が広がる

社内、社外から情報が得られる。一般社員のときには会えなかった人に会えるようになり、人脈も大きく広がる。そのぶん、情報や人脈を取捨選択する重要度も増す。

仕事の規模が大きくなる

一人ではなしえない、大きな仕事を任される。チームをまとめ、成果を上げることによって、会社への貢献度も高くなり、達成感も大きい。

会社勤めを続ける間には、何度も人生の転機が訪れる。初めて部下をもつこともそのひとつといえるだろう。

管理職（マネジャー）に就くことで、「管理職になったぞ！」と快哉を叫ぶ人もいれば、「厄介な役が回ってきた」と頭を抱える人もいるかもしれないが、どちらにしろ、今までの実績が認められたのは間違いない。

管理職になり、マネジメント、つまり人を動かして仕事の成果を上げることとは、同じ会社でさらにステップアップを目指す人にとっても、数年後に転職や独立を考えている人にとっても得るものは多い。

人を使う側に立つと、仕事の内容だけでなく、環境も見え方も変化してくる。部下数名のチームリーダーであっても、その経験が自分を大きく成長さ

部下に認められる上司を目指す

昇進おめでとうございますこれからも島課長の下で働かせてください

せてくれるだろう。
　自分で仕事のビジョンを描き、リーダーとして、小さいながらも自分の船を操縦し、実現に向かって動く権限が与えられたのだ。それを楽しまないのはもったいない。

ポストが顔つきを変える

管理職となり、仕事の中身が変わると、やがて顔つきも変わってくる。権限や責任が増え、それによって人間としても成長するからだ。肩書きが人を育てるといえる。

人を育て、組織をまとめ、目標を達成させる

管理職の仕事は3つある

みんな
今日からよろしく頼む

1.人材を育てる

ときには叱り、ほめ、アドバイスを与え、支援することで必要な人材を育てる。

2.組織目標を達成する

業績を上げるために、チーム全体の目標を立て、それを達成すべく部下を導く。

3.組織のまとまりを維持する

目標達成には、集団をまとめる力も大事。部下の個性を理解し、適材適所に配置する。

会社から期待されている役割を考える

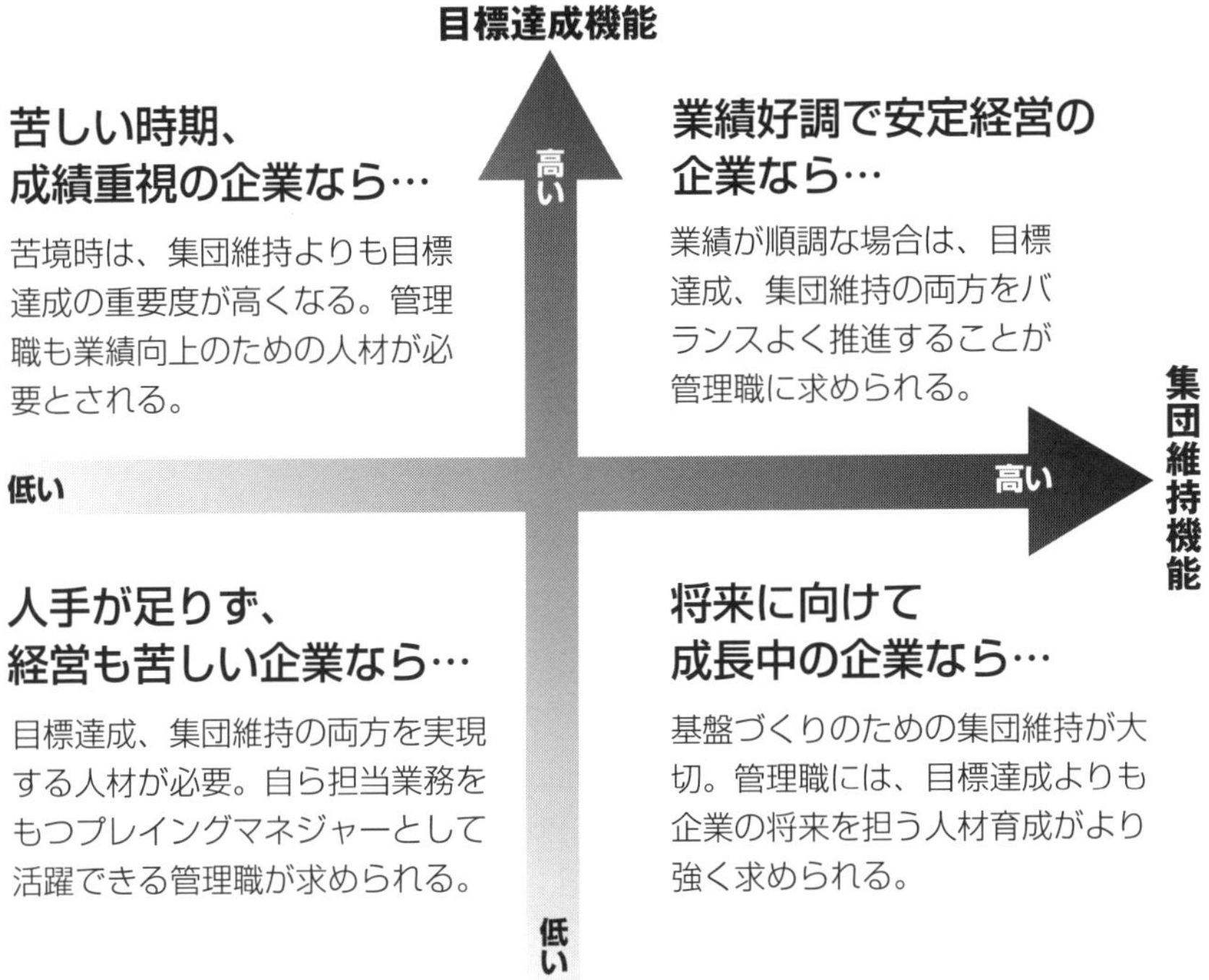
目標達成機能
高い
低い
集団維持機能
高い
低い
苦しい時期、
成績重視の企業なら…
苦境時は、集団維持よりも目標達成の重要度が高くなる。管理職も業績向上のための人材が必要とされる。
業績好調で安定経営の企業なら…
業績が順調な場合は、目標達成、集団維持の両方をバランスよく推進することが管理職に求められる。
人手が足りず、
経営も苦しい企業なら…
目標達成、集団維持の両方を実現する人材が必要。自ら担当業務をもつプレイングマネジャーとして活躍できる管理職が求められる。
将来に向けて
成長中の企業なら…
基盤づくりのための集団維持が大切。管理職には、目標達成よりも企業の将来を担う人材育成がより強く求められる。

管理職に求められる役割は所属部署や会社の経営状況によって異なる。自分の属している会社や組織が、現在どんな状況か判断することも必要。

会社や組織は、ヒト、モノ、金（カネ）、情報などの資源を元手に、これらを使いこなして成果を上げ、利益を得ている。

ただ、これらの経営資源は無尽蔵にあるわけではない。かぎりがある。これらを管理し、無駄なく使いこなす者が必要なのだ。それが管理職の仕事である。

管理職の仕事は「人材育成」「目標達成」「集団維持」の三つが基本。なかでも重要なのが人材育成である。ヒトは金に置き換えることができないうえ、育て方しだいで、やがて大きな戦力となるからだ。

注意したいのは、管理職が担う三つの仕事の重要度はいつも同じではないということだ。企業の体質や状況によって変化することも知っておきたい。

管理職の役割

経営と現場の間に立って自分を生かす

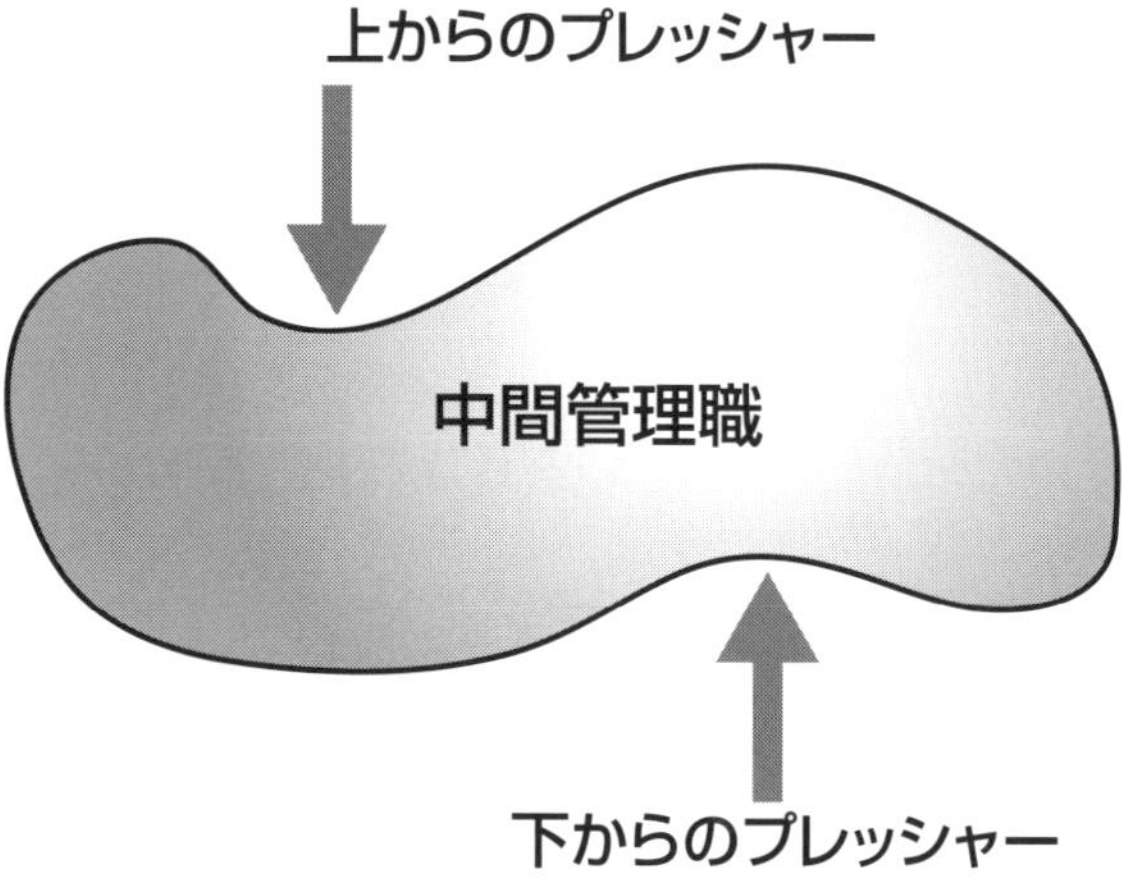

こういった状況を「板ばさみ」と捉えてはつまらない。前向きに考えて楽しむのも、後ろ向きに考えてストレスを抱えるのも自分の考え方しだいだ。

サンドイッチ症候群
上司と部下、両方からのプレッシャーをマイナスに捉えてしまい、ストレスからうつ状態になってしまう症状をサンドイッチ症候群という。

中間管理職には宿命がある。つねに、上と下の間、経営と現場の間にあるということだ。

こうした状況から、板ばさみといわれる立場になることがときとして起こる。

「管理職はツライ」といわれるのはそんなときだが、上司に責められ、部下に突き上げられるための存在が管理職ではない。

上司と部下をつなぐキーパーソンこそ管理職なのだ。

単なる上意下達ではなく、上層部の意向を自分で咀嚼し、部下に合わせた、より具体的なマネジメントを行うとともに、現場からの意見や情報をすくい上げて経営に伝える。

こういった役割に気づくと、管理職のおもしろさを実感できる。

キーパーソンである自分を意識したい

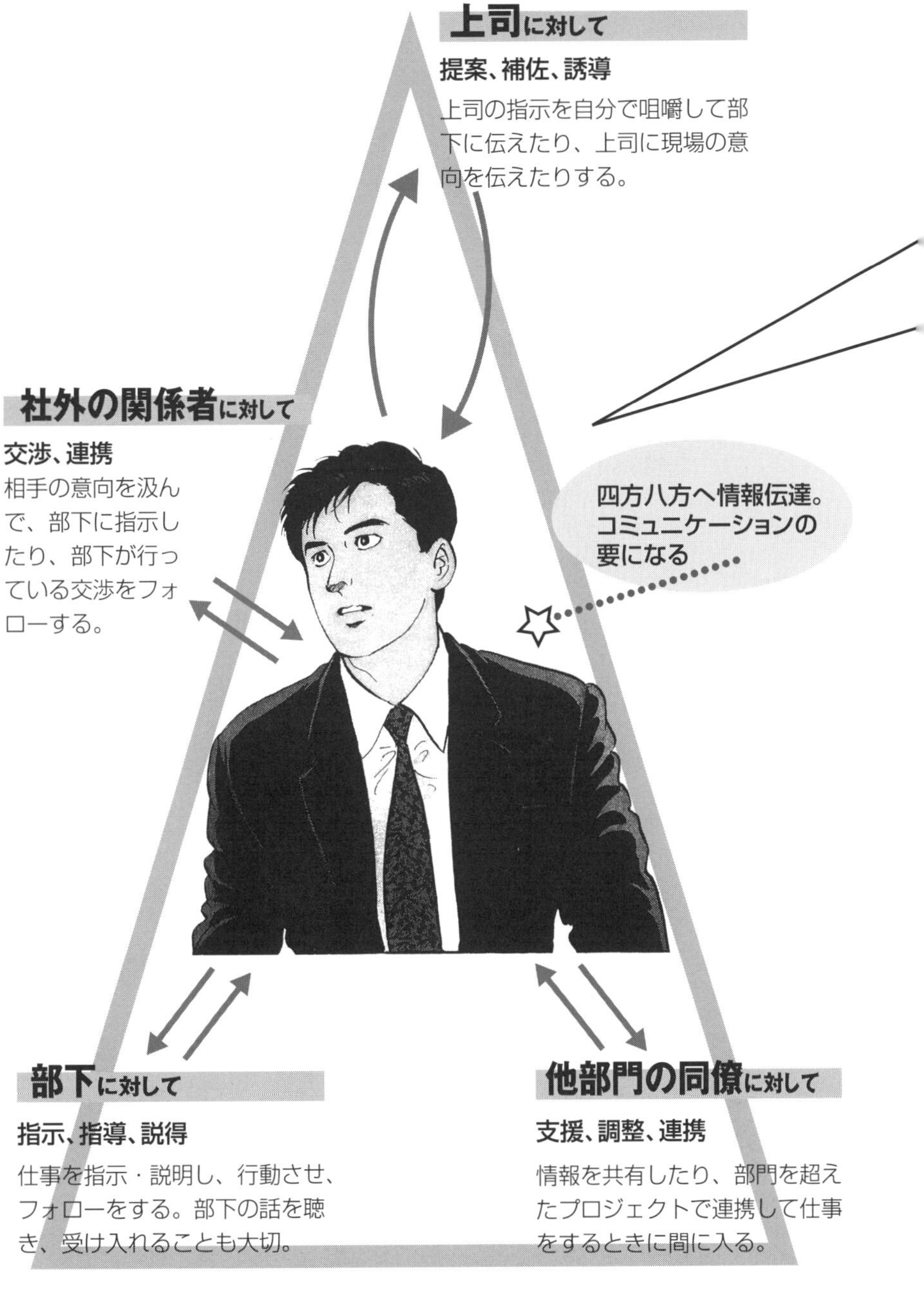
上司に対して
提案、補佐、誘導
上司の指示を自分で咀嚼して部下に伝えたり、上司に現場の意向を伝えたりする。
社外の関係者に対して
交渉、連携
相手の意向を汲んで、部下に指示したり、部下が行っている交渉をフォローする。
四方八方へ情報伝達。コミュニケーションの要になる
部下に対して
指示、指導、説得
仕事を指示・説明し、行動させ、フォローをする。部下の話を聴き、受け入れることも大切。
他部門の同僚に対して
支援、調整、連携
情報を共有したり、部門を超えたプロジェクトで連携して仕事をするときに間に入る。

一般社員との違い

現場でデキる人が有能な管理職とはかぎらない

管理職と一般社員では仕事が違う

今日から
力を合わせて
頑張ってください

人を動かして目標を達成する
管理職

会社や組織の利益を第一に考えながら、部下に指示を出す。チームのリーダーとして目標達成のためにチームをまとめ、部下にやる気を起こさせるように努め、成果に結びつける。

とくにこんな能力が求められる

リーダーシップ
指導力
高いコミュニケーション力
判断力／決断力
目標達成管理能力
など

むろん、管理職にはだれでもなれるわけではない。

「同期のなかでも営業成績がトップだから管理職になって当然だ」という人もいれば、「自分は営業成績がいいわけじゃないのに、なぜ」とか、いろいろとあるだろう。とくに後者は、やっかみの対象になることがあるかもしれない。

しかし、いわゆるヒラの社員と、管理職では求められる役割が違う。たとえば、営業で「一番売る人＝管理職」という図式は成り立たない。

管理職には、たとえ売り上げがトップでなくても、部下をうまく使って成果を上げることができる能力をもつ者がふさわしい。

つまり、人を使う能力が重要かつ必須条件である。

自分が動いて目標を達成する 一般社員

自分自身の業績アップが第一。チームワークが必要な場合もあるが、基本的には自分自身のために努力し、目標を達成することが、会社や組織に貢献することになる。

とくにこんな能力が求められる

主体性
実行力
企画力
規律性
積極性
　など

はい
よろしく
お願いします

スポーツの世界でもそれは立証済みだ。「名選手、名監督にあらず」ではないか。

column

「人を使うのは苦手」と思っている人へ

管理職になりたてのときはだれでも、人を使うのは思うようにいかない。苦手意識が働くものだ。

とくに自分がヒラのころできなかったことを、部下にヤレというときなどは苦痛に感じるかもしれない。

そんなときは、管理職の役に徹するようにすればいい。

自分のことはひとまず棚に上げておくように努めるのだ。

いいにくいことをあえていわねばならないのが、管理職。そう割り切りたい。

リーダーの条件1

管理する「能力」と「心」はどちらも欠かせない

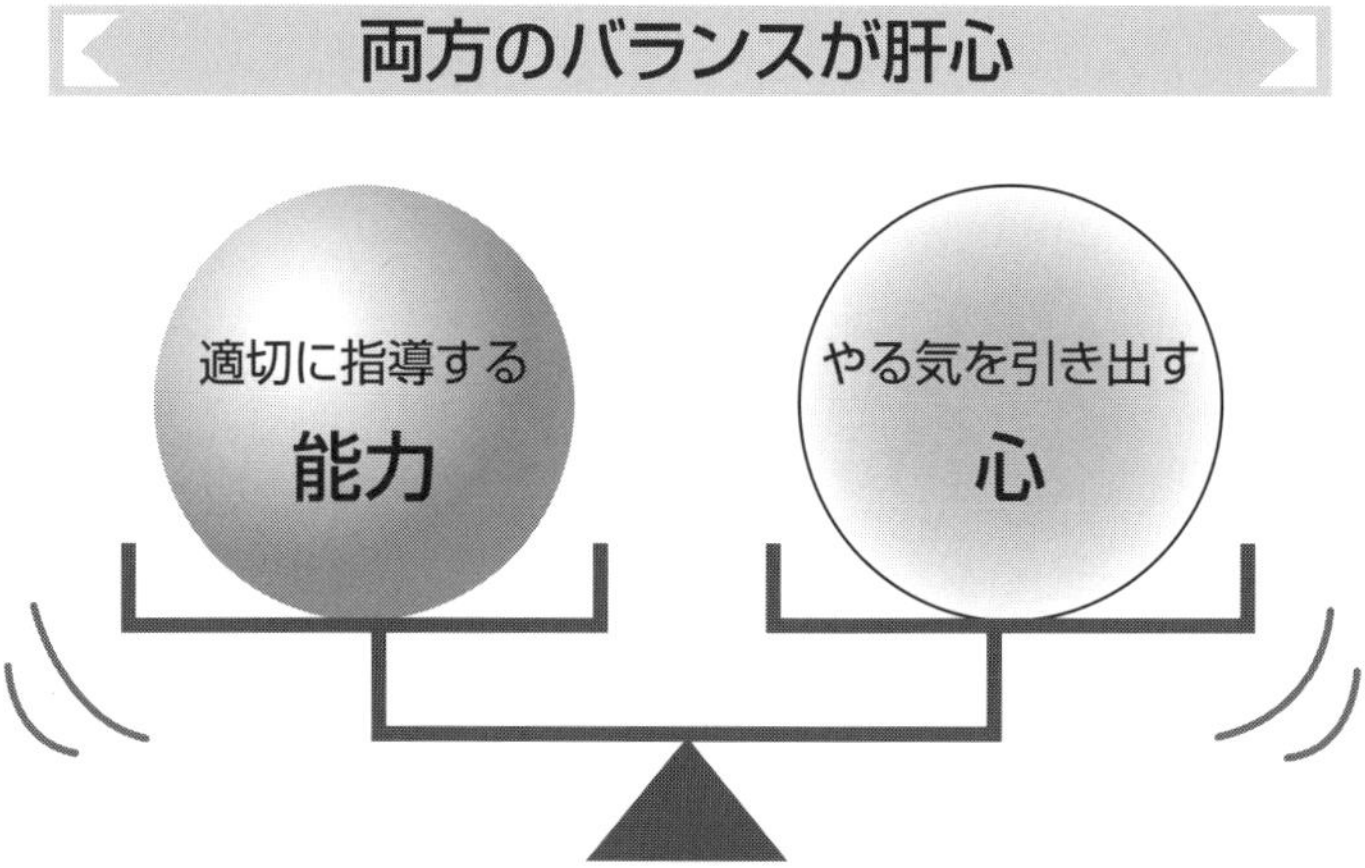
両方のバランスが肝心
適切に指導する
能力
やる気を引き出す
心

育てる情熱があっても、指導能力がないと部下は育てられない。一方、指導能力が高くてもやる気を引き出す心がなければ部下の心をつかめない。

まずは自分になにが足りないか見極めよう。足りないということは、そのぶん、伸びる余地があるということ。ひとつひとつ身につけよう。

管理職の仕事は、部下を管理し、チームとして機能させることである。そして成果を出すことだ。

そのためには、判断力、論理力、課題発見力、コミュニケーション力といった能力が必要になってくる。

優柔不断だったり、気分屋で発言に一貫性、論理性がないと部下はついてこない。コミュニケーションがとれなければ、チームをまとめることなど不可能だ。課題を見つける力、トラブルを解決する力も求められる。

しかし、これだけでは不十分だ。バランス感覚や熱意といった「心」がないと、冷酷で、部下のやる気を削ぐ上司になってしまう。一時的に成果は出るだろうが、部下の心が離れるのは必至。能力と心のバランスがとれてこそ、管理職として認められるのだ。

たとえばこんな能力があるといい

判断力／決断力

コミュニケーション力

ネットワーク力

課題発見力

論理力

人望

課題解決力

目の前の仕事を一生懸命やってください
みなさんにはモノをつくる技術とその技術で社会に貢献しようとする熱意両方をもってほしい

バランス感覚

傾聴力

熱意

リーダーの条件2

責任をとってこそリーダー。言行一致を心がける

部下にこんな不安をもたせない

肝心なときに逃げる
決断力がない
いうことはカッコいいけど…
助けてくれない
ミスを部下のせいにする
上と下で態度が変わる

管理職になると、これまで以上に責任が大きくなる。チームのリーダーとして成果を上げられなかったとき、部下がミスをしたときなど、管理職としての責任が問われる。

「だから管理職なんてイヤなんだ」と思うこともあるかもしれない。しかし、責任問題が発生したときの態度こそ、管理職としての資質が問われるときなのだ。

責任問題が生じたとき、やってはならないのが逃げることだ。

失敗の原因を突き止めることは必要だが、それを言い訳の材料にしたり、ましてや部下のせいにしてはならない。

トラブルから逃げると、間違いなく部下からの信頼は失われる。部下は、そんな姿をかならず見ている。上司が逃げずに助けてくれれば、部下は上司

への信頼を高め、さらに仕事への熱意が増すに違いない。

頭を下げるのも管理職の大切な仕事だと割り切ろう。部下のために尽くすサービス業だと考えるのもいい。

事が起こったとき、責任をとるのは自分だと腹を決めておけば、気持ちも揺れない。かえって楽になるはずだ。

**先頭に立って引っぱるだけが
リーダーシップじゃない
後ろから見守る方法もある**

正しいリーダーシップなんてない

管理職になりたてのときは、どうやってリーダーシップを発揮すればいいのかわからなくても当然だ。正解はない。自分やチームのカラーに合わせたやり方でよい。柄にもないことをやると破綻のもとだ。

例

先陣を切って部下を引っぱるタイプ

自ら先頭に立つのが好きで、チームもそれに対応できるならよい。ただし、部下がちゃんとついてきているのか、つねに気配りすることが大事。自分だけが空回りしないように注意。

例

しんがりから部下をまとめるタイプ

裏方でサポートするのが得意な人によい。部下が暴走しないようにしっかり監督すること。そして、いざというときは矢面に立つ。そうしないと、頼りないと思われる。

自己管理 1

部下との時間を捻出するため スケジュール管理を見直す

部下のための時間をつくる

Private

家族との時間

家族と過ごす時間も仕事と同じように予定に組み込んでおく。仕事を理由にプライベートを犠牲にしないようにしたい。

一人の時間

一人で考え事をする時間も大切。休日の夜など、仕事の予定が入りにくい時間帯に確保しておくとよい。

Work

自分の仕事時間

自分がやるべき仕事の所要時間を割り出し、確保しておく。
取引先など、相手があるときは時間に余裕をもたせる。

部下のための時間

あとで「聞いてなかった」では困る。仕事の進め方、相談事のための時間は惜しまない。短時間でも、こまめに時間を割こう。

管理職になると、ヒラのときより数段忙しくなる。現場のプレイヤーとしての仕事を抱える一方で、部下のマネジメントも行うのだから当然だ。自分もかつては、上司の決済待ちでヤキモキしたことがあるだろう。今度は、自分が部下のために時間を捻出しなければならない。そこで重要になるのが時間の管理だ。

手帳や携帯のスケジュール機能、パソコンなどを活用してスケジュール管理を徹底しよう。

まずは、自分のやるべき仕事の所要時間を割り出す。そして、部下の予定を把握し、自分がどの時点でどれぐらい時間を割くべきか、部下に確認しておくことだ。肝心なときにいつもいない、などといわれないように時間を有効に使う術を身につけよう。

時間を自分のものにするコツ

今頃　そんなことをいわれても困るよ
キミができるっていったんだぞ！

締め切りから逆算してスケジュールを組む

大きな仕事は月単位、週単位でのスケジュールを立ててから、１日単位の仕事量を割り出す。目標やノルマを達成できているか、To Doリストなどで定期的にチェックする習慣を。短期の小さな仕事でも、予備の時間をとっておくことが肝心。

アポイントは自分から時間を提案する

クライアントをはじめ、相手に振り回されないためには、自分の都合のよい日時にアポイントをとるように誘導する。「○日の△時はいかがですか？」と具体的に提案すると、スケジュールを管理しやすくなる。

スケジュールに余裕をもたせる

相手がいる場合、急な変更やキャンセルはかならず起こり得るもの。対処するにはガチガチにスケジュールを組まないこと。予定の時間には幅をもたせ、長期のスケジュールの場合は予備日をとっておくと安心だ。

column

昔の手帳で無駄な行動を見直す

時間を有効活用するには、無駄な時間を減らすことだ。とはいえ、どれが無駄だったのか、なかなか把握しづらい。

そんなときは、過去の手帳を見てみるといい。

無駄な会合や飲み会に参加していないか？　相手の都合に振り回されていなかったか？

見直してみると、時間がまだあることに気づくはずだ。

自己管理 2

段取りよく仕事を進める後ろ姿を部下に見せる

まず緊急度と重要度で判断する

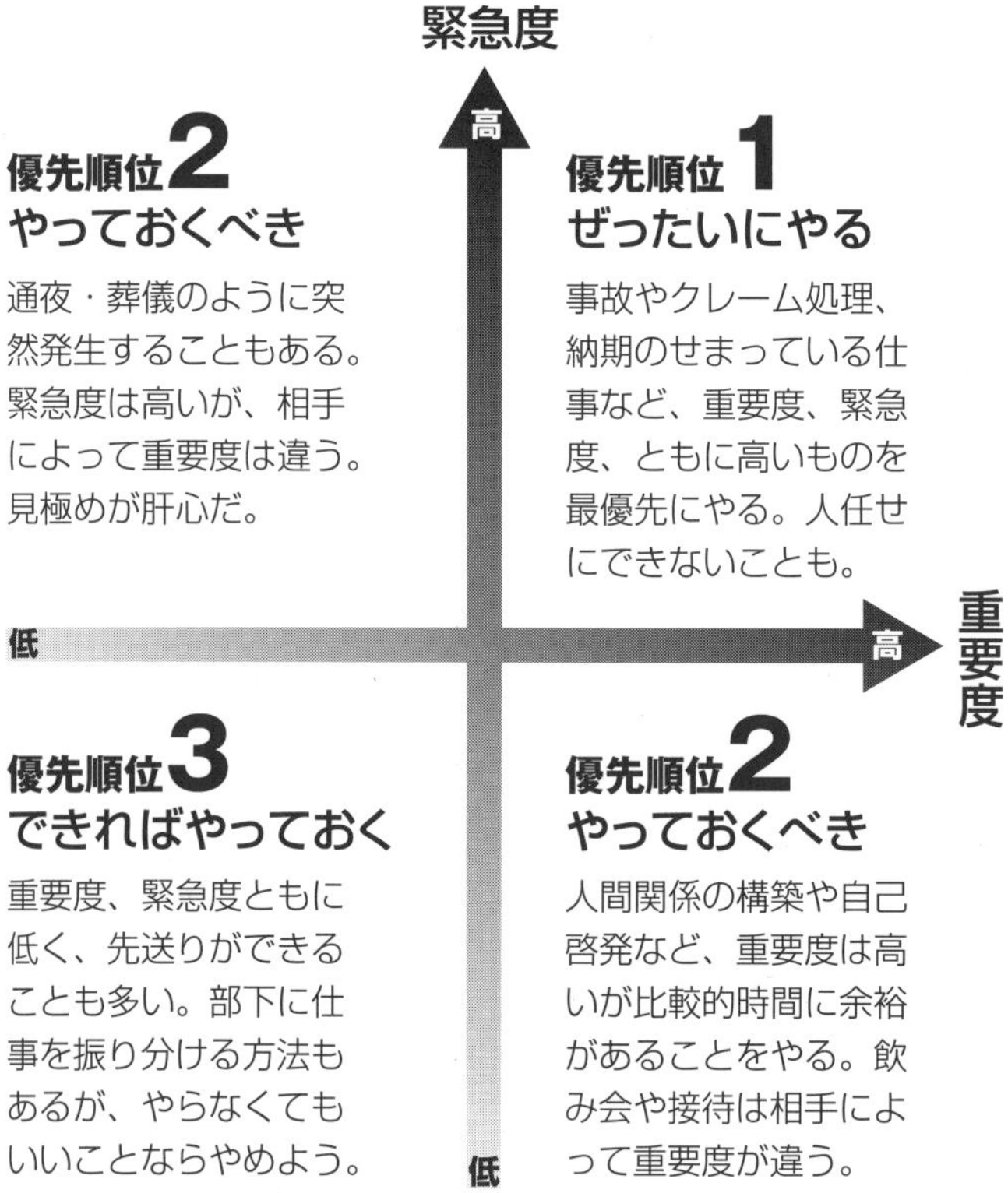
緊急度
高
低
重要度
低
高
優先順位1
ぜったいにやる
事故やクレーム処理、納期のせまっている仕事など、重要度、緊急度、ともに高いものを最優先にやる。人任せにできないことも。
優先順位2
やっておくべき
通夜・葬儀のように突然発生することもある。緊急度は高いが、相手によって重要度は違う。見極めが肝心だ。
優先順位2
やっておくべき
人間関係の構築や自己啓発など、重要度は高いが比較的時間に余裕があることをやる。飲み会や接待は相手によって重要度が違う。
優先順位3
できればやっておく
重要度、緊急度ともに低く、先送りができることも多い。部下に仕事を振り分ける方法もあるが、やらなくてもいいことならやめよう。

仕事において「間に合いませんでした」という失敗は、決してあってはならない。仕事を納期や締め切りまでに終わらせるために部下をマネジメントすることは、管理職の重要な仕事だ。

　仕事を段取りよく進めるには、留守中にかかってきた電話の処理からコピー取りなどの雑用的なことまで、つねにどれから先に片づけるべきかを判断するクセをつけ、部下にもそれを徹底させよう。

　仕事の段取りは緊急度と重要度によって、いつ、どの段階で片づけるかが決まる。相手が社内の人間か、クライアントかによっても状況は瞬時に変化する。しかも最近では、どんな状況でもスピード重視の傾向にある。自分だけではなく部下にも段取り力をつけていくことが大切だ。

段取り力をアップするには

To Doリストを活用する

やるべきことをリストアップし、やり終えたらチェックする。予定が多いときはリストにする。頭のなかが整理され、仕事に集中しやすくなる。段取りを考えるのにもリストが役立つ。

予定を組むための時間をとる

段取りよく進めるためには、綿密にスケジュールを組み立てるといい。1日の始まり、週初め、月初めなどに予定を組むための時間を確保する。変更が生じたら、ただちにスケジュールを組み直す。

忙しくなると爆発したくなるものだ。そうなる前に段取りを見直したい。

任せられる仕事は部下に振る

部下に振り分け、自分はチェックするというのも一法。部下の勉強にもなり、自分の時間も有効活用できる。ただし、チェックで修正箇所が出てくる可能性もある。時間に余裕をもたせておこう。

自分がやりやすい順序を知る

イヤなことからサッサと片づけるか、得意なことを先にパーッとやるか。仕事を段取りよく進めるには、自分なりに効率よくできる方法を把握しておこう。

Check

自己防衛度を知っておく

部下と話すときは、相手の性格を知っておくことが大切だ。なかでも部下の自己防衛度がわかると話すときに役立つ。

テストのやり方

質問に対して、イエスなら「0」、どちらでもないなら「1」、ノーなら「2」を記入し、合計する。

1	自分の不得意なことや困難なことに直面すると逃げる	
2	仕事がうまくいかないときにその原因を他人のせいにする	
3	自分を実力以上に見せたがる	
4	自分の周りには自分にとってプラスの人はいないと思っている	
5	人と話していて自分の誤りに気づいても、誤りを認めない	
6	自分より優れた人とつきあうことは嫌いである	
7	人から自分の欠点や短所をいわれると怒る	
8	自分の弱点を意識させられるような場面は好まない	
9	人前で恥をかくと、いつまでも心に引っかかる	
10	自分の弱みを人前で話すことはできない	
	合計	

テストの結果

7点以下
極めて自己防衛度が**高い**

8〜15点
やや自己防衛度が**高い**

16点以上
良好

自己防衛度が高すぎると、ビジネスの展開を阻害する。仕事を任せようとすると、予算や人手が足りない、競合他社が強いなど、失敗したときのために逃げ道をつくり、挑戦をこばむ。そんな部下には、逃げ道をつくらせず、あえて挑戦させるようにすることが必要だ。

（作成　中村俊之）

Part 2

コーチングで部下のやる気と可能性を育てる

—人材育成—

多くの上司は部下のやる気をどうすれば引き出せるか悩むものです

そうですね人材育成はマニュアル化がむずかしいから経験あるのみ！

人材育成の心得

管理職の評価は部下の働きで決まる

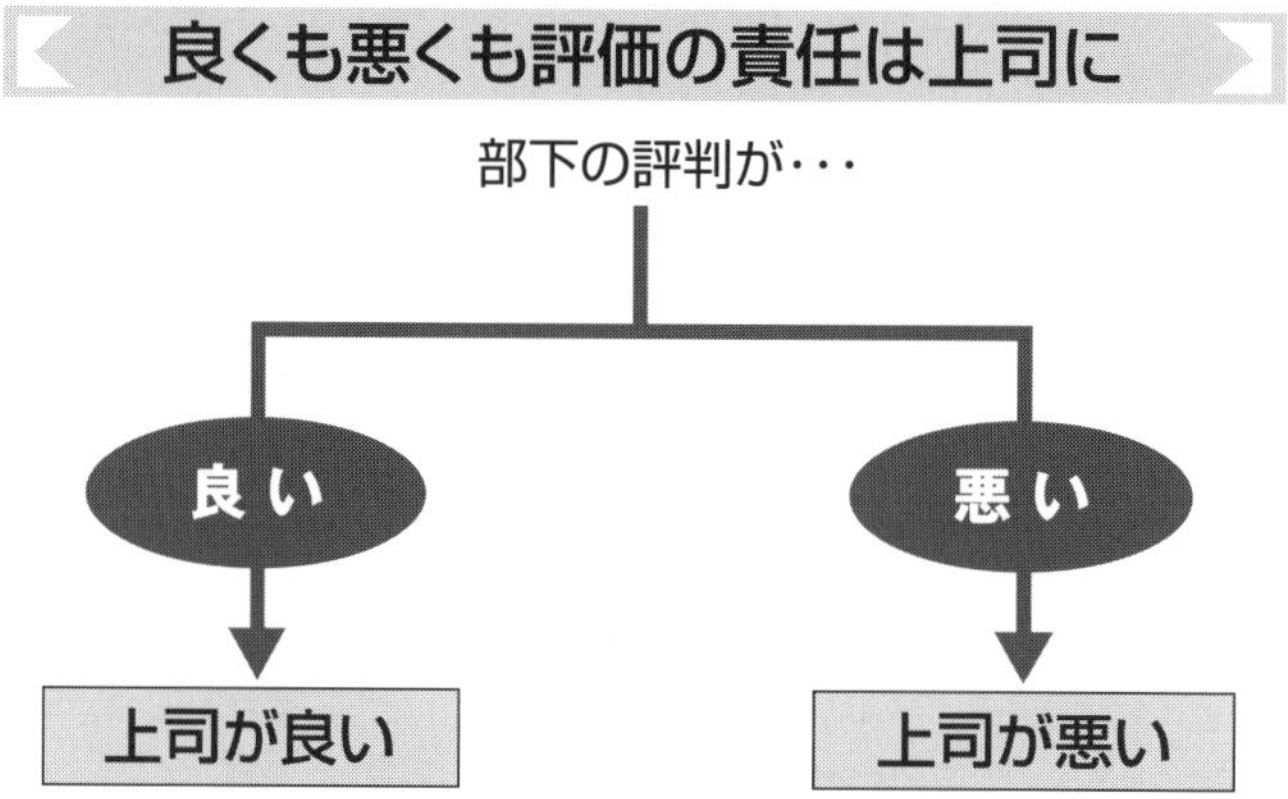
良くも悪くも評価の責任は上司に
部下の評判が・・・
良い
悪い
上司が良い
上司が悪い

部下の評判の良し悪しは、すべて上司である自分への評価でもある。聞こえてくる部下の評判は、自分の責任だと捉えておきたい。

管理職が自分の評価を上げるためには、部下の評判をよくすること。部下を育てることが大切だ。

管理職になると、プレイヤーとしての個人の評価ではなく、マネジャーとしてどれだけ成果を上げられるかが問われる。自分がどれだけ頑張ろうが、部下の働きが悪ければ認められないし、その逆もある。良くも悪くも、部下の働きが自分の評価となる。

そこで、重要なのが人材育成である。とはいえ、人材育成はベテラン管理職にとっても難問だ。部下一人一人には個性があり、これがベストの方法だといえるものはない。

では、新米管理職はどうすればいいのか？ 人材育成に黄金律はないが、必要不可欠な要素がある。「本気」になることだ。自分が部下を育てるのだという強い気持ちがないと、なにも始まらない。その気持ちは、かならず部下に伝わるものだ。部下はつねに上司

ペコッ
よろしく
お願いします

部下を見れば上司のレベルがわかる

部下は上司の鏡のようなもの。子どもが親の背中を見て育つのと同じく、部下は上司を見て育つ。

彼、きちんとしてるわね
島さんの部下は
みんな感じがいいのよ
素敵！

の姿を見ている。保身にばかり走る上司のもとには、保身にやっきになる部下しか育たない。

「部下と真剣に向きあって、一緒に成果を出そう」という強い意思をもち続ける姿が、きっと部下の心を動かす。

column

部下は会社人間ではなく仕事人間に育てよう

「会社だけが人生」の人を会社人間という。会社には都合のよい人材に思えるが、長い目で見るとおすすめできない。会社人間になると、会社のなかに個を埋もれさせ、やがて閉塞感がやる気を削ぐこともある。

管理職は、部下を「仕事人間」に育てるのが理想。仕事のおもしろさを教えるのだ。それにはもちろん、上司である自分自身が会社人間ではなく、仕事を楽しむことがなによりだ。

人材育成の第一歩

三つのステップで部下のやる気に火をつける

やる気のない部下は大問題
ほかの人の仕事が増える
仕事が進まない
ミスや問題が起こりやすい
周りに悪影響を与える

やる気を引き出すのはむずかしい。部下が自ら「やるぞ」と思えば、指導の山場は越えたも同然だ。

人材を育てるには、本人にやる気を出してもらわなければ、なにも始まらない。

しかし、やる気を出せといって聞かせたところで、そうそう簡単にやる気が出るものではない。たとえば、馬に水を飲ませようと水場に連れて行くことはできても、水を飲ませることはできない。馬が自ら飲んでくれないと、どうしようもない。

もちろん、部下のなかにはよくできた者もおり、ヤレといえばやってくれる者もいる。しかし、これはごくわずか。たいていは、思うようには動いてくれない。ということは、部下に自ら進んで「やるぞ！」と思わせなくてはならない。いかにやる気を引き出すかが重要なのだ。

そのためには、「好かれる上司にな

3つのステップでその気にさせる

憧れの人との
仕事なら
いつも以上に
やる気も出るわ

Step 1
好かれる

好きな相手との仕事は楽しいし、やる気もぐっと高まるだろう。だからこそ、部下に好かれることが大切。部下に好かれるには、まず自分が部下を好きになること。性別、学歴、仕事の出来、不出来を問わず、部下に興味をもって話を聴く。部下を知って好きになれば、相手もそれに応えてくれる。

Step 2
興味をもたせる

仕事の中身に興味をもってもらおう。それには、自分が興味をもって熱く語る。仕事の意義やビジョンを部下に話して聞かせ、一緒に達成したい、手伝いたいと思わせる。

Step 3
興味を持続させる

やる気を持続させるには、部下に「大事にされている」「頼りにされている」と感じさせることだ。そのためには、部下の話をよく聴き、自分で考えさせる習慣をつけるなど、一方通行の指示ではなく、双方向のやり取りを続ける。

る」「興味をもたせる」「興味を持続させる」という三つのステップで進めてみよう。

とくに、好かれるというのは大事だ。嫌いな上司と一緒の仕事では、だれも進んでやる気を出してくれないからだ。

人材育成の方法

相手や状況に応じて手法を使い分ける

人材育成の基本はOJT

OJT

仕事を通じて部下を指導する

OJTとは、仕事をしながら上司が部下を指導し、育てること。部下に仕事の一部をやらせ、上司がチェックし、その過程で必要なことを教えていく。人材育成の基本的な方法。

実地訓練となるので、仕事の中身、ビジネスマナーなども学ばせることができる。たくさんの時間をかけることができ、マンツーマンでも、少人数の部下でも対応できる。

自己啓発

自発的な勉強に導く

自発的にセミナーや研修に参加したり、関連の書籍を読むことなどをいう。管理職は、部下の自己啓発をうながすために、アドバイスしたり、話を聴くようにする。

OFFJT

仕事場以外で教育する

社外研修やセミナーなどに参加させて知識や技術を習得させること。OJTや自己啓発と組み合わせて行ったほうが効果が高くなる。


人材育成に黄金律はない、というのはすでに述べた。部下一人一人の個性を見れば、一筋縄ではいかないことがわかるだろう。部下の性格、個性、そのときの状況を判断し、柔軟な手法を用いることが大事だ。

人材育成には上記のように、大きく三つの方法がある。ＯＪＴ（オン・ザ・ジョブ・トレーニング）、ＯＦＦＪＴ（オフ・ザ・ジョブ・トレーニング）、自己啓発などである。

会社や組織においての人材育成は、仕事を通じて育てるＯＪＴをベースにするとよい。これに加えて、アフターファイブに飲みながら話をしたり、最近、話題になっているコーチングを取り入れるのもよいだろう。

肝心なのは、自分が部下を育てるのだという気持ちを忘れないことだ。

注目される人育てのテクニック

コーチング

近年、とくに注目されている指導方法。マンツーマンで、対話を繰り返すことによって部下の能力を引き出したり、自発的な行動をうながす手法（詳しくはP.38へ）。

ノミュニケーション

アフターファイブに、上司と部下でお酒を飲みに行ったり、食事をしながら会話をすることで、コミュニケーションをとる。仕事のあと、プライベートな時間が削られるといって、敬遠する若い人も多いが、コミュニケーション手段として再び見直されてきている。

○ 飲みにいくときは、“部下のために誘ってやっている”という考えや態度を捨てたほうがいい。純粋にコミュニケーションをとるためには、仕事の話を持ち出さず楽しめるよう気を配ろう。もちろん、部下から仕事の相談をもちかけられたら、心を込めて聴こう。

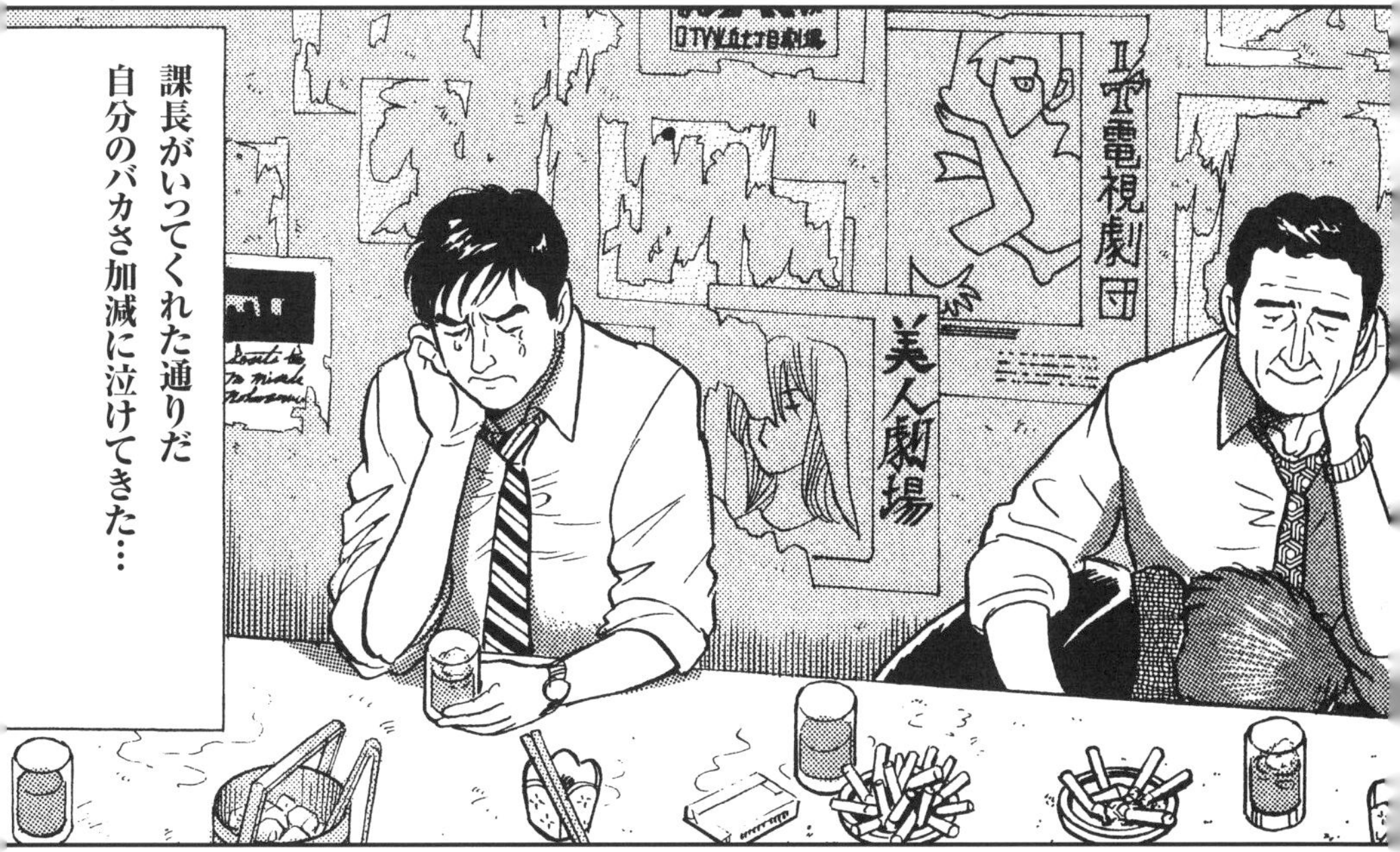
課長がいってくれた通りだ
自分のバカさ加減に泣けてきた…
美人劇場

OJT1

仕事を経験させながら部下を育成する

上司や先輩社員が、新米社員について仕事を教え、一人前に育てるというスタイルは昔から行われている。これをOJTという。理にかなった人材育成法である。

OJTのメリットは、実際に仕事を経験させることができる点だ。経験にまさる知識はない。セミナーや研修では体験できない実務をやらせることができる。実務経験を積ませれば、やがて確実に戦力となる。また、部下と長時間接するため、仕事ぶりだけでなく、性格や人となりを互いに理解することもできる。

なにより管理職にとって、部下に仕事を教えることは、非常に勉強になる。仕事の知識、教え方、管理法、コミュニケーションのとり方など、多くのことを整理しなおすことが必要だからだ。

OJTにはメリットがたくさん

教えられる側（部下）のメリット

仕事を通じて、実践的な指導が受けられる。集団研修などのマニュアル化された指導と違い、仕事を通じた実践的なきめ細かい指導が期待できる。相談もしやすい。

教える側（上司）のメリット

毎日、あらゆる機会を通じて、日々の仕事に直結した指導ができる。すぐそばで成長が見てとれるため、フォローがしやすい。教えるためには自分が今までやってきた仕事のやり方を体系的に見直すことが求められ、自分の勉強にもなる。

会社のメリット

技術やノウハウ、職場の風土・社風を伝えることができる。

また、集団研修と違い、教育にかかるコストを抑えることができる。

OJTの基本的な流れ

1.教育する点を把握する

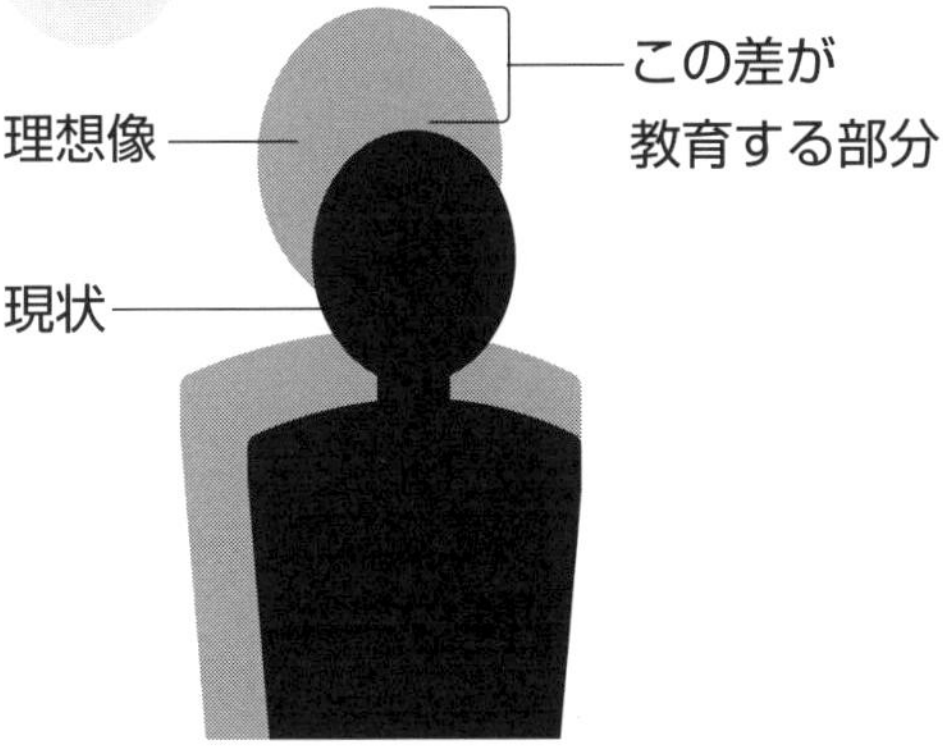

ＯＪＴを進めるうえで、まず把握すべき点は、部下のどの部分を教育するのかということ。左図のように、現状の姿と、こうなってほしいという理想像の差を把握し、そこを教育する。さらに、いつまでに、どんな方法で育成するか、管理職がプランを立てることが肝心だ。

2.仕事を通じて指導する

教える	見習わせる	経験させる	やる気を引き出す
例	例	例	例
説明する	やってみせる	やらせてみる	励ます
助言する	経験を伝える	報告させる	ほめる
質問する	手伝わせる	仕事を割り振る	慰める
注意する	同行させる	決定権を与える	話を聴く
ほめる			目標をもたせる
叱る			責任をもたせる

3.経過をチェックする

順調に部下が育っているか、途中でかならず確認する。遅れている点や進んでいる点をチェックし、育成プランを立て直すとよい。

4.結果から次の指導へ

ひと通り仕事を教えたら、結果を見る。そのうえで、次のステップへ進めるのか、同様の状況で様子を見るのかを決める。

OJT2

教えることで、自分の今までの方法も整理される

月ごと、半年ごと、そして一年ごとにかならず数字を出すんだ
心のなかは…
このマーケティングリサーチが甘かったから成績がイマイチだったんだ。基本的な作業をサボってはいかんな。

ＯＪＴは、育成する相手だけでなく、管理職である自分のためにも非常に役立つ。

部下を育成するにあたって、自分自身の問題点や課題に気づくことができるからだ。また、今の仕事を進めるうえで、なにを、いつまでに、どうすべきかといったポイントが、部下を指導することによって整理され、状況を把握することができる。逆にいえば、それができないと、部下の育成も仕事もスムーズに進まない。

「部下の仕事の覚えが悪いな」と感じたときは、まず、自分のやり方を見直そう。管理職は、部下に確実に学ばせることができるように指導する必要がある。問題に出くわしたときは、まず、自分のやり方を謙虚に見直すようにしたい。

上司のせいでOJTがうまくいかない

Case 1
部下をつかんでいない

部下がどれぐらいのレベルに達しているかを把握していないと、すでにできることを口うるさく何度もいうわりに、できない部分の指導がおろそかになるなど、適切な指導もアドバイスもできない。

Case 2
知識が足りない

自分自身に知識がないことを指導するのは無理な話。まずは自分が学ぶことが先決。
そうすることで、コツや習得法を部下にアドバイスすることができる。

Case 3
態度に問題がある

教え方が下手だったり、横柄だったり、アドバイスの物言いが適切でないと、部下のやる気を削ぐ。
教え方のうまい同僚や上司に意見を聞いたり、部下にどこがわからないのか、直接聞いてみるのも一法。

Case 4
気持ちがない

自分が部下を育て、面倒を見るのだという気概がないと、うまくいかない。
部下はつねに上司を見て、本気で自分を思ってくれているかを見抜く。
部下を本気にさせるには、まず自分が本気で取り組むことだ。

column

山本五十六は人育ての達人

「やってみせ　言って聞かせて　させてみて　ほめてやらねば人は動かじ
やっている姿を感謝で見守って　信頼せねば人は実らず
話し合い　耳を傾け　承認し　任せてやらねば人は育たず」

右は、真珠湾攻撃など数々の大戦で指揮を執った海軍司令官山本五十六が口にしていたといわれる言葉。あちこちに引用されており、若干の違いはあるが、人材育成の永久普遍の本質をついている名言だといえる。

まずは、自分がやってみせ、言って聞かせ、実際にやらせてみる。そして、ほめることをしないと人は自ら動こうとはしない。これはOJTそのものだ。

後半の言葉は、近年流行のコーチングにも通じる。こうしたきめ細やかな配慮が、人を育てると教えている。

コーチング

部下のなかにあるやる気と答えを引き出す

コーチングの基本は4つのスキル

聴く
耳と心を傾けて、相手の話をじっくり聴く。

見る
相手の態度や表情、行動をよく観察する。

話す
応援している気持ちを伝え、支える。必要であればアドバイスも。

質問する
質問することで、さらに相手の話を引き出し、答えにたどり着く手伝いをする。

コーチングとは、

個性や特質を知るための——
能力を引き出すための——
やる気を引き出すための——
自発的な行動をうながすための——

コミュニケーション手段

スポーツの世界では、選手の才能を引き出し、伸ばして、結果を出す手助けをするのがコーチの役割である。

コーチングとは、この概念をビジネスマン向けに応用したものと考えるとわかりやすいだろう。

ビジネスの世界でいうコーチングとは、会話を重ねることによって相手のすぐれた点や能力を引き出し、掲げた目標に向かって取り組むことができるようにサポートすることだ。相手の成長をうながす、「気づき」に重きを置いた育成法といえる。

ところで、管理職は部下に仕事を教えるのが務めだという考えがある。もちろん教えることは大事だ。これをティーチングという。右も左もわからないような新人社員や、初めてその仕事に取り組む者に対しては必要不可欠な

相手の成長段階を見極めて対応する

2つの方法を組み合わせる

やる気がなさそうな
新人社員には
↓
ティーチング&コーチング

やる気がある
新人社員には
↓
主にティーチング

やる気がなさそうな
中堅社員には
↓
主にコーチング

やる気がある
中堅社員には
↓
ときどきコーチング

新人社員には
ティーチング

仕事に不慣れなうちは、子どもに学校の先生が教えるように、上司が部下にやるべきことを指示・命令し、それを守らせる。仕事上覚えておくべき最低限のことを教える方法としてはベスト。しかし、部下は上司の指示待ちなので、自主性は育ちにくい。仕事ができる相手にティーチングを続けるとやる気を下げてしまう。

中堅社員には
コーチング

仕事に慣れてきたり、仕事ができるようになると、自分の考えをもつようになる。それを引き出し、自ら考え、行動するようにサポートするのがコーチング。やる気を引き出すためにも使える。

育成法である。

しかしながら、ティーチングだけではいずれ対応しきれなくなる。いつも新人社員について歩いているわけにはいかない。また、仕事はすべてマニュアル通りにいくものではない。「自分で考えてくれ」とか「もう少し自分なりに工夫をしてほしい」というときが出てくる。こんなとき、コーチングが必要なのだ。

つまり、ある程度仕事を覚えてきたら、今度はステップアップさせるための育成法に切り替える。そうしないと、いつまでたっても部下は自分で考えず、上司の判断待ちという受け身のままである。相手のレベルに合わせてティーチングとコーチングを組み合わせることによって、部下の伸び悩みを解決するのだ。

コーチング　聴く

いつでもどこでも話を聴ける態勢をとる

話すことで考えが自分のなかに向かう

Step 1
話を聴いてもらうことで安心できる

上司に話を聴いてもらうことによって部下は、信頼されている、自分は肯定されていると実感できる。

Step 2
自分で考える方向に向かう

信頼感や安心感があることで、再度、じっくり考えてみようと思うようになる。それが、自分で考え、実行する力をつけることにつながる。

耳に入ってくる「聞く」ではなく、積極的に「聴く」ことが大事。相手の話を理解しようと思いながら聴こう。

実際にコーチングを行うには、相手と密にコミュニケーションをとることが必要である。そこで、まず始めにしたいのが、相手の話を聴くことだ。なにを考え、なにに迷い、どうしたいと思っているのか、聴かないことには問題も課題もわからないからである。

自分から一方的に指示を出すだけで、部下には報告や結論だけを求める上司を見たことはないだろうか。これではコミュニケーションのとりようがない。そして部下は、自分の話を聴いてもらえないと不満をもつ。

話を聴くときは、相手の考えを受け入れるという態度を示す。部下は話すことによって自分の考えを整理し、自ら答えに気づくことができる。

管理職は、聴き上手であることが大切なのだ。

話を聴いていると相手に伝えるコツ

聴きながら
うなずく
うん
うん
話を要約して
言い換える
相手の話を
繰り返す

column

話し上手な人ほどコミュニケーション力が高い？

おもしろおかしく話をして、場を盛り上げるのが得意な人がいる。営業職では、話し上手な人がうらやましがられたりもする。

しかし、話し上手な人がかならずしもコミュニケーション力が高いかといえば、そうではない。

コミュニケーションとは、相手と意思の疎通をはかること。そこに、相手のことを理解する意識がないと成り立たない。たとえ、会話がポンポンとはずもうが、うわべだけで、会話の真意が理解できていなければ、ただのおしゃべりにすぎない。

ただし、コミュニケーション力を高めるには、話を聴いて言葉を理解するだけでもダメなのである。相手の態度や表情、そして沈黙にさえも注意することで、相手がなにを伝えようとしているのかを汲み取りたい。

コーチング　聴く

途中でさえぎらず、評価せず、最後までじっくり聴く

やってはいけないコーチングのミス

1.説教をしてしまう

こうしろ、ああしなさいと説教をするのはダメ。部下の自主性を考えるなら、どうしたいと思っているのか、それを引き出すために話を聴く。

2.途中で「なぜ?」など、口をはさんでしまう

口を開くのは、相手がひと通り話し終えてから。途中で話をさえぎったり、口をはさむと、話の腰を折り、結局、肝心の部分を引き出せない。

3.「それはよくない」など、評価をしてしまう

評価をすると、部下は本音をいえなくなる。自分ではどう思っているのかを考えさせ、話をさせるには、管理職は評価をしない。

　コーチングでは会話を重ねることによって、相手が自分のなかの答えに気づくようにサポートしていく。そのためには会話を継続させることが肝心だ。

　ところが、忙しかったり、決定を出すことだけに気をとられて、部下に報告や結論だけを求める上司は意外と多い。部下が長々と話そうとすると、「言い訳はいいから結論は?」と話をさえぎったり、「だからダメなんだ」とさっさと評価をしてしまう。これでは会話にならない。部下は、自分が切り捨てられたように感じるだろう。

　コーチングでは、相手の話をしっかり聴くことが第一歩だ。慣れないうちは、つい口をはさみたくなるかもしれないが、ぐっとこらえ、部下の言い分を聴く。「この上司は自分の話を聴いてくれる」そう思わせることだ。

こんな人は話が聴けていないかも?

もうわかったわ!
好きなように
やって構わないから

話し下手な人にイライラ

部下のなかには口下手、話下手の者もいる。要領を得ないからといってイライラしたり、「つまり、こういうことだろう」などと、勝手に話をさえぎらない。話がわからないなら、質問をし、丁寧に聴く。安心して話せる環境を整えたい。

よくある話だな
わしのときは今より
もっと大変やった

話の主役は自分

部下の悩みや相談事について、自分はこうした、こうだったと、結局、全部自分の話をするだけというケース。部下にいわせれば、「それはあなたの話。聞きたいのはそんなことじゃない」となり、相談の甲斐がないと思われる。

悩む余地はないだろう
A案をやめて
B案にしなさい

結論を先にいってしまう

話を聴くや否や、ズバッと結論をいってしまうのはよくない。俺は決断が早いという人がいるが、コーチングでは、結論は部下本人が出すもの。それをサポートするのが上司の役目。先に結論をいってしまうとコーチングにならない。

コーチング 認める

相手をよく見て存在や行動を認める

ただ認めることが大事

Step 1 存在を認める

部下のなかに、必要ない人間はいないと心得よう。成果を出している部下も、出せない部下も、自分のチームに欠かせない戦力だと考え、存在を認め、つねに気にかけていることを意思表示する。
あいさつをするとき、「○○君、おはよう」と名前を呼ぶだけでも、部下の反応が違ってくるはずだ。

名前を呼んで、あいさつをする。会話のなかでも相手の名前を入れるように心がけよう。

上司に認められない、期待されていないというのは、部下がやる気をなくす大きな要因。頑張ったぶんだけ給料がアップすればいいというものではない。上司から評価され、認められることは、部下にとって金銭には替えがたい、大きな報酬となるのだ。

とはいうものの、どこをどんなふうに認めればいいのか、わからないという人も多い。そんなときは部下をよく観察しよう。だれにでも認めるべきところがある。仕事に直接結びつかないと思うことでもかまわない。

ただし、勘違いしてはいけないのは、ほめることと認めることは別物だという点だ。ほめるのはもう一歩先のことだ。

認めることは、人と人のつながりの基本だということを肝に銘じておこう。

Step 2
変化を認める

ポイント
本人が納得できる部分を認めるようにする。

まったく変わらない人はいない。以前に比べて何らかの変化が見られたら、その部分を認める。また、ここ2、3日元気がない、張り切っている、というような短期の変化も同様だ。その変化を認めたうえで、どうしたほうがよりよくなるのかサポートする。

240PEN
元祖 長浜屋 ラーメン
浜屋ラーメン
元祖 長浜屋 ラーメン
元祖 長浜屋 ラーメン
最近のキミは人が変わったようにいい働きだな 肩の力が抜けたと周りの評判もいいんだ オレもうれしいよ
ありがとうございます

Step 3
結果を認める

仕事の結果が出たときは、その具体的な部分を挙げて認める。いい結果のときも悪い結果のときも、「ちゃんと君を見ていたよ」ということを部下に示すことが大事。
自分の存在が認められていれば、部下は安心して仕事に取り組むことができる。

コーチング 信じる

相手のなかに答えがあることを疑わない

「ただ聴く」ためにじゃまなもの

自分の意見
部下の意見は黙って聴く。上司が意見すると、部下は従わざるをえない。すると、部下は自分の意見をもとうとしなくなる。

評価する
評価は仕事がすべて終わってから。意見を求められても、部下が自分でどう思っているかを問い、上司が途中でダメ出しししない。

先入観
思い込みや自分のやり方と違うという先入観があると、部下のやり方に不信感をもつことになる。まっさらな心で話を聴こう。

分析する
分析するのは当事者である部下の役目。上司は介入しない。分析の仕方をアドバイスするのはよいが、そこまでにとどめる。

共感、同一視
一見、正しいことのように思うが、こうした反応を部下は上司の指示や肯定だと受け取ってしまう。うかつに反応しない。

解決しようとする
これをやると、いつまでたっても部下が育たない。最初から最後まで部下に自分で考え、行動させるためには、しゃしゃり出ないことだ。

管理職になりたてのときは、成果を出そうと力みすぎることがある。しかし、部下を育てるには、自分の力を見せつけるような手法は好ましくない。とくにコーチングでは、あなたの優秀さをひけらかす必要はない。

大事なのは、部下の力を信じること。部下は心のなかに解決策をかならずもっていると信じることだ。その答えを部下が引き出せるように、サポートに徹しよう。

見かねてつい口をはさんだり、自ら解決してやろうと乗り出してはコーチングにならない。管理職は、部下の話を聴き、信じて待つことも必要だ。自分にも覚えがあるだろう。上からごちゃごちゃ指示されるより、黙って自分に考えさせてくれと思ったことが。それなのだ。

島課長　話聞いてください
大変なんです　あの会社の担当者は
企画の返事はいつもあいまいだし
なんだか下品だし
そのくせ短気で人の話を聞かないし

相手の話をそのまま受け止める

部下の話をそのまま受け止めるのは、けっこうな忍耐力が必要だ。そんなときは、部下をお客様と思って話を聴くといい。お客様相手だと思えば、話を聴くのも大切な仕事と思えるだろう。

悪い例　否定してしまう

×「そんなことないだろう　僕が出した企画は一発ＯＫだったよ」

悪い例　分析してしまう

×「キミの説明の仕方が回りくどかったのかもしれないな」

column

「相手が答えをもっていない」と感じたら……

部下は心のなかにかならず答えをもっている。とはいえ、ときに例外もある。その仕事の経験が浅い部下だったり、新人社員だった場合には、本当に答えが見つからずに途方に暮れていることもある。

そんなときのコーチングはとりあえず、部下に底の底まで話を聴いてみよう。「今、君が考えているのはどんなこと?」とたずねる。その答えを上司が手伝いながら掘り下げていけば、答えが出ることもある。ダメだったら、一時的にティーチングに切り替えるとよい。

しかし、この場合も一方的にならず、「こうしたほうがいいと思うが、君はどう思う?」というように、部下の意見を聴き、取り入れる。これが部下を認め、信じている者の態度だろう。

コーチング　安心感を与える

まず笑顔。相手に話しやすいと感じさせる

安心感を与える態度を示す

体の向き、位置

・体ごと相手に向く
・視線の高さをそろえる
・前のめりになる

表　情

・笑顔で
・目を合わせる

身近な人に自分の態度や表情をチェックしてもらうといい。相手を好きだ、と思い込んで話せば、自然とよい印象を与える。

話し方

・落ち着いた声で話す
・相手より遅いスピードで話す
・「でも」「しかし」は使わない
・沈黙は相手に破らせる

こんなサインは相手を拒否している

眉間にしわを
寄せている
目を合わ
せない
上の空で話を
聴いていない
腕を組ん
でいる

部下から話しかけられにくい人は、無意識のうちに部下に対して壁をつくっているのかも。

『人は見た目が9割』という本が話題になったが、この言葉は管理職にはとくに当てはまる。相手と親密になるまでは、やはり見た目が大切なのだ。

アメリカの心理学者が唱えたメラビアンの法則によると、人は言葉の情報よりも見た目や態度、声のトーンなどの情報をより重視するという。どんなに偉そうなことをいっても、見た目がダメではだれも聴いてくれないのである。

いつも怖そうな顔で、機嫌のよさそうなときでないと話しかけられない上司と、明るい笑顔で、いつでも話しやすい上司がいたら、後者が断然優秀である。コーチングの基本は会話を重ねること。会話がしづらい上司では困る。笑顔で明るく部下に話しかけ、部下の問いに応えよう。

コーチング Iメッセージ

「あなたはこうだ」ではなく「私はこう思う」と伝える

そんなことはありませんよ
（俺の何を知ってる？）
島さんはとってもも話し上手ですね

相手の印象を伝えるYouメッセージ

相手が主語のメッセージで、評価や感想になる。相手によっては「僕のことをよく知らないのに」と受け止められてしまうことがある。

上司に認められることは、部下にとってやる気を出す原動力となる。部下の意欲をかき立て、モチベーションを持続させるには、上司からの言葉が必要不可欠だ。そして、その言葉の選び方しだいで、部下はもっとやる気を出す。

管理職から部下に対する言葉は、おうおうにしてその部下自身の評価や感想になりやすい。たとえば、「君はよく頑張っているね」とか「もう少し君も粘ってみよう」というようにだ。これをＹｏｕ（ユウ）メッセージという。

これに対してＩ（アイ）メッセージがある。「君が頑張ってくれるから、私はうれしいよ」とか「君の粘りを私は期待しているよ」というものだ。

Ｉメッセージは、上司である自分自身の思いを伝える言葉だ。それを聞い

会長さんといると
とっても楽しいわ
私のほうこそ
君みたいな若い女性と
話せてうれしいよ

自分の気持ちを伝える
Iメッセージ

自分が主語のメッセージで、感じたことや思いを言葉にしたもの。いわれた相手が言葉を素直に受け止めることができ、印象に残りやすい。

た部下は、上司から自分が認められ、期待されていることを実感する。仮に、多少耳が痛い意見でも、聞き入れようという気になる。

「君はダメだな」といわれるより、「頑張ってくれないと私はつらいな」といわれたほうが、部下はぐっときて、働く気になるはずだ。

ほめたいとき

Youメッセージ

すごいじゃないか
うまく
まとめられたね

Iメッセージ

すごいじゃないか
僕は正直なところ
おどろいたよ

注意したいとき

Youメッセージ

キミは書類の
提出が
遅すぎるよ

Iメッセージ

早めに書類を出して
くれると助かるんだ

コーチング **質問する**

相手が話したいことを聴く

質問には大きく2つの種類がある

たとえば…

納期が遅れてしまった理由を聞くとき

納期を確認していなかったのか？

クローズドクエスチョンの場合

「はい」か「いいえ」でしか答えることができない質問。相手が返事をしたら、それ以上、話が広がらない。コーチングでは適切ではない。

どうして納期に遅れたと思う？

オープンクエスチョンの場合

「はい」か「いいえ」では答えられない質問。コーチングでは5W（いつ、どこで、なにを、だれに、なぜか）2H（どのように、いくら）で答えるような質問をする。

コーチングにおける会話は、すべて相手のためのものだ。間違っても、相手を自分の思い通りに動かそうとして行うものではない。コーチングの会話では、質問が欠かせない。ところが、質問する側に「質問力」がないと、まさに愚問となってしまう。

　コーチングでの質問は、自分が聞きたいことを質問してはいけない。誘導尋問もダメだ。あくまで、相手が話したいことを聴くのが基本である。そうすることで、相手の話を深く掘り下げ、相手が心のなかにもっている答えに気づかせることができる。

　ちなみに、質問にはオープンクエスチョンとクローズドクエスチョンという大きく二つの種類があり、コーチングではオープンクエスチョンのほうを用いるとうまくいく。

こんな聞き方は、質問とはいえない

誘導してしまう質問

例

「昨日接待を受けたA社の課長に、お礼状は出したよな？」

自分がしてほしいこと、答えてほしいことに誘導するような質問。部下自身の答えではないので、コーチングにならない。自分の聞きたいことを聞くとこうなる。

意見している質問

例

「この企画書が通ると思っているのか？」

自分の意見を質問にすり替えること。質問された部下は、上司の思惑が透けて見えるため、その意見を聞かざるを得ないし、結局、自分の考えや意見をいえなくなる。

追及する質問

例

「一体、どうしてこんなことになったんだ？」

質問の姿をした追及は、部下を追いつめるうえ、言い訳しかいえなくなることが多い。過去の出来事を責めても建設的な会話はできない。もう一歩踏み出して、これからどうしたらよいかを問うほうがベター。

催促する質問

例

「会議の報告書は、もうできたか？」

これも管理職の悪いクセ。期限が気になったり、結果を早く出したいという気持ちはわかるが、結局は「さっさとやれ」という催促になる。これでは叱責と同じようなプレッシャーを与えることになる。

一体、何件営業したんだ？
（営業件数が少ないから、成果が上がらないいんじゃないか）

コーチング

目標を明確にする

部下がどうなりたいのか具体的に表現させる

コーチングの流れ

1. 目標を明確にする

↓

2. 現在の状況を把握し、
目標とのギャップを明らかにする （56ページへ）

↓

3. なぜギャップが生まれているかを考える
（58ページへ）

↓

4. 目標に向けてどうするか具体例を引き出す
（60ページへ）

コーチングで会話を重ねる目的は、部下に自分で目標を見つけさせ、行動につなげるためだ。

実際にコーチングを始めるにあたって、まずやるべきことはゴールを設定すること。つまり、目標を明確にすることだ。

ゴールが見えないと、部下は自分がどこに向かい、どうすればいいのかわからない。現在の仕事のゴールはなんなのか、会話によって部下に気づかせるのである。

このとき、部下の掲げた目標をできるだけ具体的に聴き出すことが大切だ。目標を掘り下げていくうちに、初めに掲げた目標の裏に隠れていた本音や本当のゴールが見えてくることも多い。

なんとなくこうなりたい、というような抽象的な話だと、部下と自分の考

部下の目標を取り違えない

部下の本音は…
営業がうまくできない。本当は営業力を身につけたいが、向いていないだろうから…。
上司はこう受け取った
ほかにやりたいことがあるのかな。営業をもっと教えたいが、本人の希望を優先しよう。
課長、相談があります
営業から他部署への異動願を提出しようと思っています

上の例では、部下の本当の目標は営業力を身につけることだ。話をよく聴いて、互いに同じゴールを見ているか確認することが大切だ。

えることにギャップが生じやすい。実例を挙げる、数値化するなどして、部下と自分のイメージするゴールが合致するように心がけたい。

　また、部下の目標が自分の意図していたものより低いレベルでも否定しないようにする。部下が自分で決めた目標なのだ。そこを超えないと先には進めない。それを受け入れる度量も管理職には必要である。

　目標をはっきりさせたと思っても、思うようには進まないこともあるだろう。が、つまずいたら、何度でも会話を繰り返し、そのたびに軌道修正すればいいのだ。

　目標が変わっていくことを恐れる必要はない。途中経過が多少長くなっても、部下が自分で自分の目標を達成することに意味があるのだ。

コーチング　現状を知る

目標と現状のギャップをはっきりさせる

まずは、今の自分を知る

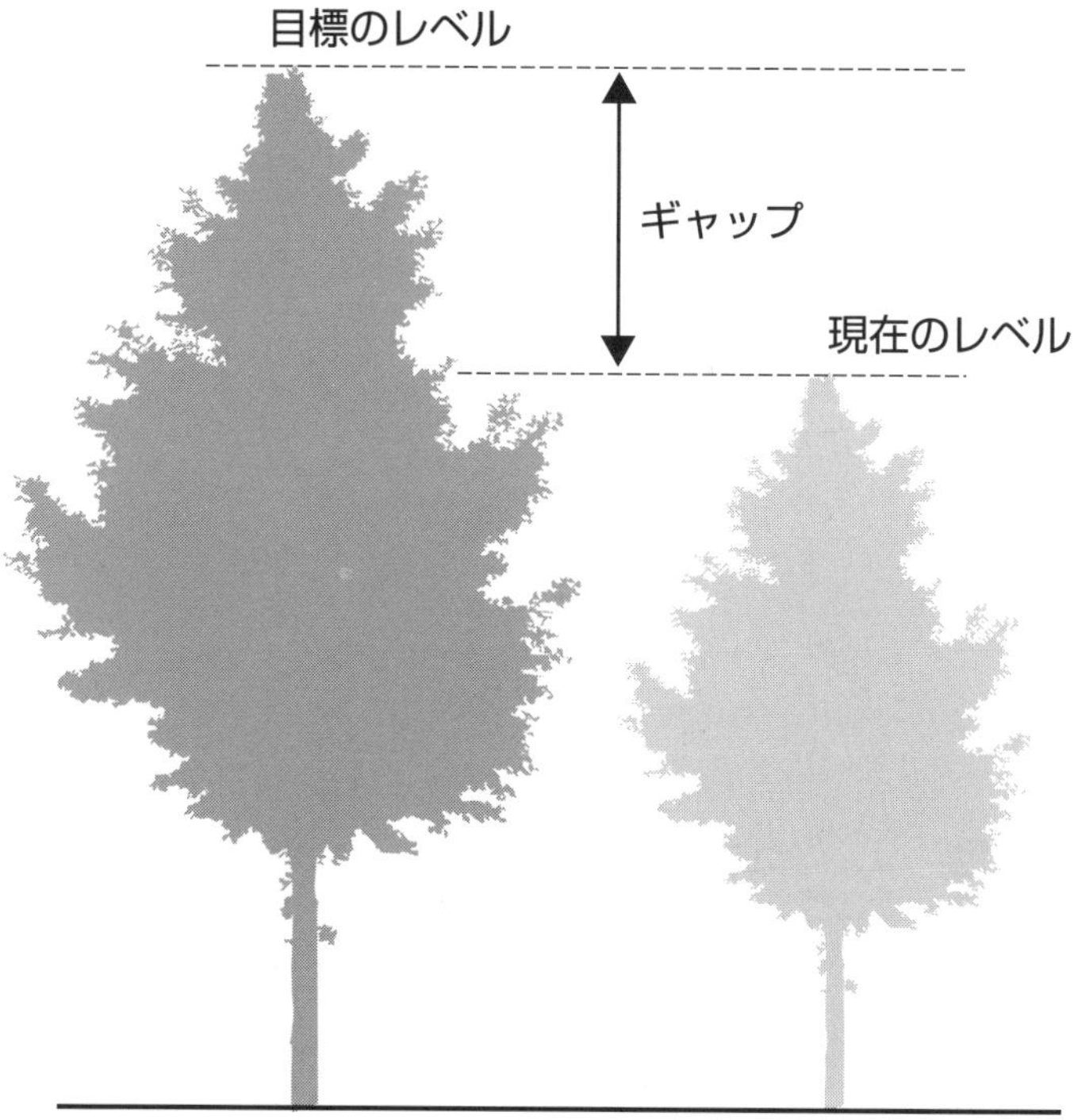

ギャップについて詳しく聴く

目標レベルに達するにはなにが足りないか、具体的に聴く。上の木を例にとっても、幹の高さが足りないのか、太さが足りないのか、葉の茂り具合が足りないのかなど、いろいろある。

○

目標と現状のギャップがありすぎるときは、上司が見直しのアドバイスをする。部下の力量を見極め、目標を高めにしたほうがいいか、低めのほうがいいか、もう少し部下に考えさせる。

部下の考えを尊重するのがコーチング

そうか半年あれば企画を進められそうか
あと半年準備期間が必要です

部下がどう考えているのか、まずはすべて聴き出すことが大切。聴くスキルについてはP40～43へ。

× 悪い例 **自分の考えを押しつける**

「四ヵ月あればできると思うよ」

× 悪い例 **部下の答えを否定する**

「いや、半年では足りないんじゃないか」

目標が定まったら、今の状況を把握する作業がある。目標と現状とのギャップが、おのずと次になにをやるべきか、必要なことはなにかを教えてくれる。部下が、自分で話すことにより気づくようにするのだ。

現状を把握したとき、「なんだ、まだそこまでしかできてないのか」などと、叱責したり評価してはいけない。現状に問題があるのか、その問題がなぜ起こったか、部下自身が気づくことが大切なのだ。

順調に事が進んでいるケースはあまりないと思ったほうがいい。むしろ、現状を知り、目標とのギャップがわかったとき、壁の高さに部下自身が動揺していることが多いものだ。そんなときこそ、コーチの出番。目標のレベルを調節するようにアドバイスを。

コーチング　原因を突き止める

ギャップができた本当の問題点をさぐる

人のせいにしていては成長しない

クライアントが○○だから・・・
商品のターゲットを絞りすぎたから・・・
ライバル社の販売価格に勝てないから・・・
時間が足りなかったから・・・

目標と現状のギャップがはっきりしたら、次は、なぜそうなってしまったのか、原因を突き止めよう。原因がわかれば、解決への道が開ける。

原因をさぐっていくと、すぐに明らかになることもあるが、部下本人が気づいていないことも多い。会話をしながら注意深く、部下が気づくようにさぐっていくことが肝心である。

いうまでもないが、「ここがダメなんだ」などと、上司自らが原因を突きつけたり、叱責するのはご法度だ。部下が自分で原因を見つけられるように話をしたい。

原因を突き止める作業をしていると、自分以外の外的要因のせいにしてしまう部下がいる。クライアントがわがままばかりいうせいだとか、取引相手が遅れてきたなど、自分の非を認められ

部下のなかにある原因を引き出す

Step 1
すべての原因を聞き出す

例 「ほかにもなにか原因があると思う?」
「これで原因は全部だろうか?」

まずは、考えられるすべての原因を洗い出すことだ。角度を変えて質問することによって、部下に考えさせる。

Step 2
本人にある原因を絞り込む

例 「原因が君にあるとしたらなんだろう?」
「まずは、どの原因が問題だろうか?」

洗い出した原因を整理する。環境や他人のせいにしていては自分で行動を起こすことができない。部下本人の原因を引き出す。

ないのだ。

その一方で、愚痴や諦めの気持ちを吐露する部下もいる。しかし、それらの話を聴いてすぐに否定してはいけない。

じっくりと話を掘り下げていけば、部下はかならず「その原因の一端は自分なのだ」と気づくだろう。よほどのうぬぼれでないかぎり、自分の行動に一点の曇りもないなどと思ってはいないからだ。

また、愚痴や諦めの気持ちが強い部下には、それは過去の話だと教えてあげよう。

そして、今は今後のことを話す場であることを教える。行き詰まった陰鬱な話より、次にとるべき手段を話すほうが、ずっと気分がいいぞと教えてあげるのだ。

コーチング　行動につなげる

目標をクリアするための行動を部下から引き出す

お客様からの質問にすべて答えられるように勉強します
それがいいな
心のなかでは…
なにを使って、どう勉強するかまで考えているのだろうか。
やるべきことがわかっていても実行に移すのはむずかしい。部下自身も必要性は十分にわかっている。実行できるように上司が手助けすることが肝心。

現状を把握し、事がスムーズに進まない要素やトラブルの原因が明らかになったら、今度はそれを取り除く手段について話し合う。

しかし、原因がわかっても、それを除去する作業は部下にとって、気が進まないことが多く、状況を立て直す最初の一歩はツライものだ。

そこで上司がとるべき道は、どうすれば踏み出せそうか、サポートすることになるが、よほどの緊急事態でないかぎり、「さっさとヤレ」などと強引な〝ティーチング（命令）〟はしないようにしたい。

左ページのような方法をとり、話を聴きながら、どれならできそうか、あるいは最初にやったほうがよいことはどれか、部下自身が気づくまで話を聴き続ける努力をしよう。

行動を起こすために後押しする

1.行動をかみくだいて簡単にできることに落とし込む

例

「どういうやり方で進めようと思っているの?」
「それでは、まずなにから始めようか?」

問題が大きいときやハードルが高いと思われるときは、ごく簡単なことから始めるようにアドバイスする。小さな行動でもひとつひとつ積み重ねていけば、かならず達成できることを気づかせる。

2.実行するために必要なもの、必要なことを引き出す

例

「だれかのサポートやなにか必要なものはある?」
「必要な時間をとることはできそう?」

大きな問題にぶつかると、動揺して単純な判断もできなくなっていることが多い。何事も準備なしでは目標を達成できない。必要なことはなにかを部下自身に考えさせ、実行させるようにする。

3.あと一歩を踏み出すための言葉をかける

例

「うまくいったら、どう変わっているだろうな」
「終わったら、ちょっと豪華に飲みにいこうか」

目標を達成できたとき、自分がどう感じるのかを引き出す。「終わったら祝杯をあげよう」などの言葉をかけてもよい。困難の先にはきっと喜びがあるということがわかれば、部下は勇気をもって事に挑める。

コーチング アドバイスする

最後に、短く、控えめに提案を伝える

相手が欲しい情報を与える
タイミング
相手の話がすべて終わったあとで。
伝え方
一言で終わる短さが大切。
最後にひとつ提案だけど去年までのファイルを見直しておくといいよ
伝え方
命令や指示ではなく、ひとつの案として伝える。

コーチングでは相手に自分で考えさせ、答えを引き出すのが基本だが、上司が直接アドバイスをしたり、要望（命令ではない）を出してもよい。ただし、ちょっとしたコツがある。

部下がもっている答えをさえぎることがないように、アドバイスは話し合いの最後にもっていきたい。最初に上司が話してしまうと、部下が自分で答えを出そうとしていることを妨げてしまう。覚えがあるはずだ。「よし、こうしよう！」と意気揚々のところに、「あれ、やっておけよ」といわれて、やる気が萎えたことがあるだろう。

そして、アドバイスは短く、明快に伝える。自慢話や説教だと受け取られないためだ。さらに、これはひとつの提案で、参考にしてはどうかと伝えておけばベストだ。

たとえばこんなコーチングができる

部下
さっそく○○社に合わせた企画書をまとめ直します

それがいいな まとめるのに必要な資料はあるの？
時間は足りる？

部下
大丈夫です すぐ取り掛かって十日に仕上げます

楽しみだな あ、○○さんは老眼だ。文字は大きめにな

部下
なるほど！ ありがとうございました

column

緊急のときはコーチングをストップ

急なクレーム処理や突発的な事故が起きたときは、部下とコーチングしている余裕はない。当然、トラブルの解消を優先するべきだ。

速やかに対応するためには、コーチングを一旦ストップして、指示・命令に切り替える。一段落してからコーチングに戻せばいい。

こういった切り替えをスパッと行う判断力も大切だ。

ほめ方

やる気を高め、心をつかむほめ方をマスターする

ほめ上手になるためのポイント

本人がほめられたいことをほめる
部下がほめてほしいポイントを逃さない。ピントがずれたところをほめられてもうれしくない。苦労していた点を強調してほめる。もちろん、仕事に関係することでだ。

タイミングに注意
目標を達成したとき、成果が出たとき、すぐにほめる。時間がたってしまうと、ほめる側もほめられる側も気が抜けてしまう。部下もあと付けのようなほめ方ではやる気が出ない。

公平にほめる
チーム内のだれもが納得することをほめる。Aさんはほめられたのに、Bさんのときは無視するような不公平さがあると、部下はやる気を失う。えこひいきはもってのほか。

具体的にほめる
どこをどんなふうに工夫し、連日深夜まで頑張ったから成果が出た、というように、プロセスを交えて具体的にほめる。そのためには、部下の仕事ぶりをきっちり把握しておく必要がある。


　管理職のむずかしさを感じるのが、部下のほめ方と叱り方である。どちらも部下のやる気に直結するだけに、慎重を要する。とくに、上手なほめ方は、部下の心をぐっとつかむ。管理職としては、そのコツを会得しておくことが必須だ。

　人は本来、ほめられたい生き物だ。子どもが母親にほめてもらいたいように、部下は上司にほめてもらいたい。ほめられることは、自分の存在意義を認められたという証拠。金銭的な報酬では得られない、充足感や喜びを感じることができる。

　では、どうすれば「ほめ上手」になれるのだろうか。

　まず、ほめることを出し惜しみしないこと。のべつまくなしに、いつでもほめろというのではない。いつもほめ

わーはははははは…
よくやってくれたね
君の仕事は丁寧で助かる
どうもありがとう

本気でほめる

取ってつけたようなほめ方なら、ほめないほうがマシ。ほめるときは、全身全霊でほめる。上司が本気でほめれば、部下も本気で仕事に取り組む。

なにかほめることがないか、いつも見ていたい。

ていると慣れが生じて、ほめの有効性が損なわれる。ここぞというときに、全身全霊でほめることが肝心だ。

そして、本人がほめてほしいことを具体的に、ほめる。公平性も重要だ。えこひいきや、皆が納得しないほめ方では、ほかの部下たちのやる気を削ぐことになる。

column

人づてにほめられるのはうれしいものだ

思わぬ人からほめられると、うれしさもひとしお増すものだ。「○○課長が君のことをほめていたよ」といわれると、そんなに喜んでくれたんだと実感できる。

部下が頑張ったとき、ほかのチームにアピールするのもいい。それが部下の耳に入る。第三者から部下のモチベーションを高めることにつながる。

叱り方1

叱ることも仕事のうち。真心を込めて叱る

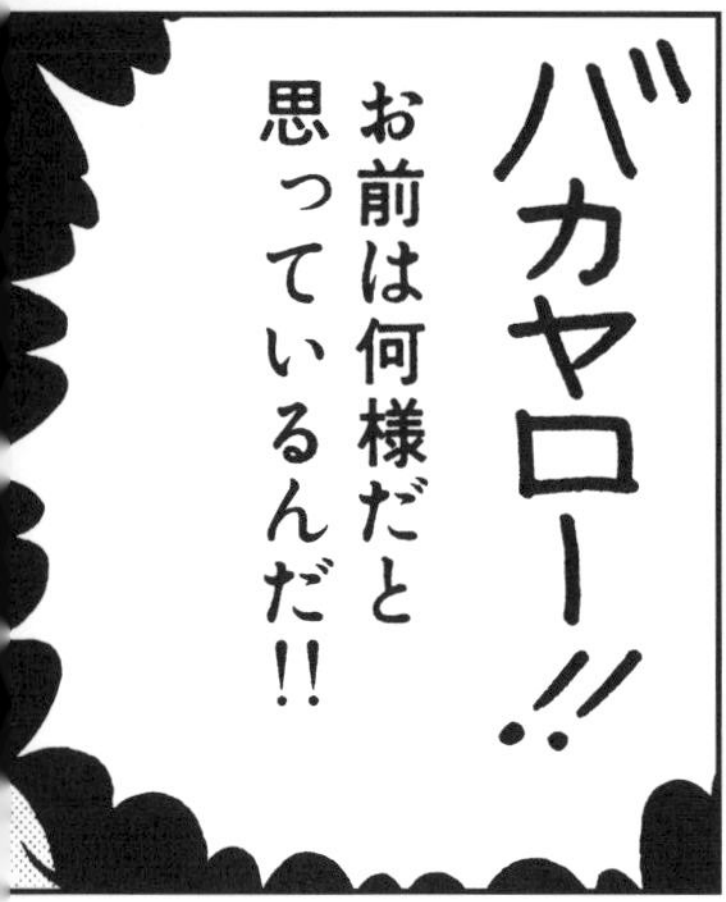

バカヤロー!!
お前は何様だと思っているんだ!!

✕

感情にまかせて叱る

感情的に「怒る」のは原則として避けたい。叱るのは、ミスを責めることではなく、ミスに気づかせ、次に打つ手につなげるための行為。

〇

怒り散らしてもOK?

部下を本気で思い、思わず怒りが込み上げたときは、その思いをぶつけるのもありだ。
本気の思いなら、部下は真摯に受け止める。

具体的に叱る

相手が納得できるように、ミスの内容を具体的に伝える。ここが悪かったのだから、改善しようというように、叱りながらサポートする。

管理職のなかには、部下を叱ることに苦手意識をもつ人もいるだろう。部下に嫌われる、陰口をいわれるなど、ネガティブな見返りしかないように思うと、確かに、叱ることにおっくうになる。

しかし、忘れてはならないのは、管理職にとって、叱ることは仕事の一環であるということだ。苦手だとか、イヤだからといってやらないですむことではない。その役目をもつのが、管理職になるということなのだ。いつまでも苦手意識をもっていないで、一日でも早く「叱り上手」になろう。

コツは、ほめるのと同様、タイミングと具体的な事実を見逃さないこと。もちろん公平性も大事だ。

「ほめるときは皆の前で、叱るのは一人のときに」などというが、これも万

能ではない。部下のキャラクターや状況によって変わる。

　社会全体が叱らない傾向にあるせいか、最近では、叱り下手が多いように、叱られ下手の若者も増えている。やってはいけない叱り方を頭に入れておき、部下にとってプラスとなるように心がけて叱ろう。

✕ 人と比較しない
「A君を見習え」など、他人と比較しない。自分は不要の人間だと感じさせてしまう。だれかとの比較ではなく、君の（仕事の）ここがよくないのだと示す。

✕ 叱りっぱなしにする
叱るだけ叱って放置しない。部下の性格によってはやる気を失い、逃げ出してしまう者もいる。叱るときは、ひとつでもよいところを見つけ、かならずフォローする。

✕ 人格を否定する
叱るポイントは仕事に関係することにかぎる。「ダメ人間だ」などの人格を否定する発言は厳禁。また、「だから、私生活もうまくいかない」など仕事以外のことをいうのもダメ。

✕ あとでネチネチという
叱るときはタイミングが命。あとでいわれても、部下はどうフォローしていいのかわからない。また、叱るのは「そのとき、その場かぎり」。しつこく何度もいわれるとやる気を失う。

○ これからどうするのかを考えさせる
叱ったら、次にとるべき手段を一緒に考えたり、アドバイスをする。叱っても、絶対に見捨てないという姿勢を部下に見せる。

叱り方2

ちょっとしたテクニックが叱り上手にする

悪い話はいい話ではさむ

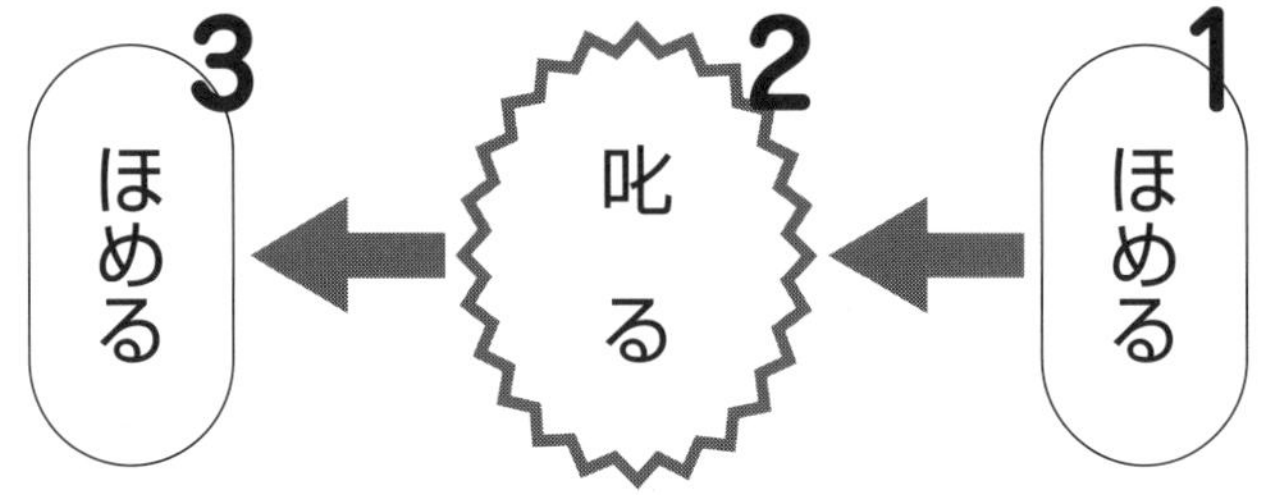
1
ほめる
2
叱る
3
ほめる

叱る前にほめると、部下は心を開きやすく、叱られてもショックが少ない。叱るほうもあまり気が重くならずにすむ。ほめる→叱る→ほめるのサンドイッチ方式で行うとよい。

無理にほめようとして、心にもないことをいうのはよくない。皮肉ととられてしまうことも。

叱り方の基本を覚えたら、あとは実践あるのみだ。そうしないと、いつまでたっても自分流の叱るテクニックが磨かれない。

部下の個性は一人一人違うし、チームのカラーもいろいろだ。自分の部下や、自分のチームにふさわしい叱り方は、自分で模索するしかない。最初は失敗することもあるだろう。そんなときは自分の非を認め、失言があったら、部下に謝ることも必要だ。

叱り上手な人は、経験を積む間にさまざまな叱りのテクニックを身につけている。参考にして試してみるとよい。叱り上手は一日にして成らず、だ。社内に上手な叱り方をしている人がいたら技を盗もう。

左ページのようなテクニックも参考になる。

叱るテクニックはいろいろある

「〜はダメ」よりも「〜のほうがいい」

ダメという否定型は叱られた側の反発が強く、人によっては叱られないようにと萎縮してしまうこともある。

「〜のほうがいい」という奨励型は、アドバイスにもなる叱り方。上司も一緒に考えてくれるという安心感を与え、部下の成長をうながす。

初めはやさしく注意する

最初はやさしく注意する程度にとどめる。次はやや強めにいう。それでも同様のミスをしたら、強く叱る。

この方式が部下に浸透すると、やさしくいわれているうちに自ら気をつけるようになる。

ささいなことを注意する

重大なミスは上司に叱られるまでもなく、部下は重々承知している。それを叱っても効果的ではない。

大きなミスより、ふだんの小さなミスを見逃さずしっかり叱ることで、重大なミスを防ぐほうが建設的。よく見ている上司だと思わせれば成功。

さっきはごめん
ちょっといいすぎた

叱り方を失敗したと思ったら、素直に謝ることも大事。

あえて叱らない方法もある

叱ることがどうしても自分にはなじまない、というときは、あえて部下を叱らない上司になると決めるのもひとつの方法。ただし、一貫していないとただの気分屋だと思われるので、叱らないと決めたら、かならず貫くようにする。

心をくすぐるテクニック1

いい結果が出たら部下に花をもたせる

最終的には好印象に

成果が出たら部下を立てる

周りは…

部下の働きを認める、誠実で器の大きな上司であることが周囲に認知される。自分の部下だけでなく、組織や社内に広く信頼される管理職に。結果として、自分の評価を高める近道になる。

部下は…

頑張りをほめられ、花をもたされればうれしいし、上司に感謝する気持ちも生まれる。また、モチベーションの維持に高い効果がある。上司と部下の間に信頼関係を築くこともできる。

いずれも上司であるあなたの評価がアップ

管理職の仕事は、部下をマネジメントして成果を出すこと。だからといって、成果が出たとき、それを自分一人の手柄にするようなマネはやめよう。ミスは部下のせい、手柄は自分のもの。そんな上司のためにだれが頑張るだろうか。自分だって、そんな上司の下では働きたくないはずだ。

管理職の仕事は、部下がいて初めて成り立つ。成果が出たときは、部下のおかげと感謝し、頑張ってくれた部下に花をもたせるのだ。最大限に部下をほめてあげよう。

きっと、部下はそのことを忘れない。長い目で見れば、成果が上司のおかげであることを部下は気づいてくれる。もちろん、上司であるあなたの評価も高まる。

もうひとつ、部下に誠実な対応をし

部下の大町君だ
今回の成功はすべて
彼女のおかげだよ
小暮です
はじめまして
よろしく
心のなかでは…
認められてうれしい。この上司のもとで次の仕事も頑張りたい。
部下
上司

ておいたほうがよいというシビアな現実もある。将来、上司と部下の立場が逆転することだってあり得る。自分の頑張りを横取りされた部下が、いつか自分の上司になる可能性はゼロではない。過去の裏切りが、今度は自分の身に降りかかってこないとは言い切れない。要は、上司と部下の間でも、人として誠実な対応が大事なのだ。

column

結果が出なかったときは上司が矢面に立つ

仕事をしていればよいときばかりではない。思うような成果が得られず、上司に叱責されることもあるだろう。

そんなとき、矢面に立ってこそ管理職である。人間、窮地に立たされると本性が出やすい。うろたえることなく、堂々と部下をかばい、頭を下げられるのが理想的な管理職の姿である。

心をくすぐるテクニック2

「教えてくれ」と素直にいえる上司になる

人の懐に入れる上司が得をする

島課長　ひとつ
いいですか？
○○物産の
山田さんが
名古屋支社長
になるそうです

たとえば…　部下が情報を持ってきた

管理職になったからといって、なんでもかんでも知っているわけではない。新米管理職ならなおさらだ。部下たちと大して知識や情報の差はないものだ。それを恥ずかしがったりする必要はない。知ったかぶりをしたり、見栄を張ったところでいい結果にはつながらない。

自分は上司なんだからとヘンに肩ひじを張ることはない。上司が部下を頼ってもいいのだ。自分が知らないことは部下に教えてもらおう。

みんなそれぞれに得意分野がある。パソコンが得意な者、データの管理に長けている者、おいしいレストランをよく知っている者など、自分より知識がある分野は、部下に甘えてしまおう。

部下だって、上司に頼られ、感謝されればうれしい。よりいっそうスキル

へ〜
それは
知らなかったな
もう少し詳しく
話してくれないか

部下の懐に上手に入るタイプ

気取らず、いばらず、知らないことは知らない、教えてくれと、素直にいえるので、部下に愛される。上司と部下の垣根をするりと取り払うことができる、得なタイプ。

その話なら
この前、聞いたよ
代わりに現支社長が
本社本部長だろう

部下を味方にできないタイプ

知ったかぶりをしたり、自分のほうが知っているといわんばかりに知識をひけらかして部下と張り合う。部下を味方につけたり、信頼関係を築くのがむずかしくなりやすい。

を磨き、役に立とうとしてくれる。こうしたやり取りがコミュニケーションを密にして、よいチームワークを生む。

そして、教えてもらったら、皆の前でほめ、感謝しよう。これがさらに上司と部下の信頼関係を強いものにしてくれる。

仕事のデキる上司ほど、上手に部下を利用している。

日報などの報告書。確認するポイントは？

Check

報告書や議事録、提案書など、部下の作成した書類をチェックする機会はけっこう多い。部下を知り、指導・育成に報告書を役立てるには……。

基本の3ポイント

1 5W2Hが抜けていないか？

「近日中」などあいまいな表現はNG。ふだんの会話でも5W2H（いつ、どこで、だれが、なにを、なぜ、どのように、いくらで）があいまいになっていることが多い。

2 ロジックが通っているか？

論理的に考え、伝えることはビジネスの基本。話が飛んだり、矛盾していないか気をつける。

3 事実は正確に書かれているか？

内容や状況が正確・簡潔かどうかチェック。見解や感想と事実が混同しないように書き分けてあるか注意を払う。

報告書の出来がよくなかったら…

上司が書き足したり直して完成させては、部下のためにならない。やり直させて、部下が自分で修正点に気づくよう導く。

1 書き直させる

例「これではわかりにくいから、詳しく書き直してくれる？」

2 ヒントを出しても答えはいわない

例「ロジックが通っていないよね？」

3 直らない場合はヒントを具体的にする

例「5W2Hは足りているかな？」

ケーススタディ

困った部下とうまくつきあう

―部下への指導―

case 01

ホウ・レン・ソウをしない

こちらから聞くまでは、話しかけてこない

報告、連絡、相談ができない部下。もしかしたら、ホウ・レン・ソウがない原因は、部下ではなく上司の態度にあるのかも……。

ポイント

ホウ・レン・ソウは仕事の基本

組織で働く場合、仕事はつねにほかの人とつながっている。スムーズに仕事を進めていくためには、ホウレンソウ（報連相）は欠かせない。

ホウ
報告　仕事が終わっていても、報告がなければ仕事は終わったことにならない。現状を迅速かつ正確に報告することが大事。

レン
連絡　携帯電話やメールがある現在「連絡できなかった」ということはありえない。連絡手段をうまく使ってきちんと連絡を。

ソウ
相談　ミスが出たときや判断に迷うときは、すぐに相談する。遅れれば遅れるほど、事態は悪化する。

ホウ・レン・ソウをきちんとさせることも上司の大切な仕事だ。

こちらから聞かないと報告がありません

ある部下が、進捗状況や問題点をなかなか報告してきません。理由を聞くと「忙しそうで、声がかけづらかった」と答えます。

まずはホウ・レン・ソウがなぜ必要なのか説明して、どういうやり方がいいかを指導することが必要だ。

その一方で、自分のホウ・レン・ソウの受け止め方に非がなかったかも振り返ってほしい。せっかく部下がきても、「今は忙しいから、あとにしてくれ」といったまま放置したり、「ふーん、それで?」「いちいち聞くな」など、拒否する態度をとらなかったか。

上司は部下が報告をしやすい雰囲気をつくらなくてはならない。

うん　そうか!
うまくまとまったのか
すぐ連絡してくれて
ありがとう
戻ったらもっと
詳しく聞かせてくれ

報告したくなる上司になる

上司がきちんと聴いてくれると部下は報告したくなるものだ。P48を参考に話しかけやすい態度を心がけたい。

case 02

物事すべてをオレ中心！で考える
自己中心的な部下

相手の立場を想像できない人が増えている。デキる人は相手を思いやって仕事をする、ということを身をもって示したい。

この企画書
今日締め切りなので
すぐにチェックして
ください

こんな部下に出会ったら

相手の立場をまったく考えません

急に書類を出して、すぐ見てほしいというので、今は無理だというと、間に合わないとふくれっ面に……。これでは、どちらが上司かわかりません。

人の気持ちを慮《おもんぱか》るのは簡単ではない。「なんて自分勝手なんだ」と憤慨するよりも、どう教育するかを考えたい。

「今は無理」と叱るだけでなく、どうすればよかったのかを考えさせる必要がある。改めて話す機会を設けるといい。

組織や仕事は自分中心に回っていない。相手の都合を考えて働くことを指導するべきだ。

ポイント

相手の立場に立って考えさせる

自分の行動によって相手がどう感じるか、部下本人に気づかせることが重要。立場が逆だったらどう思うかといった質問を投げかけ、相手の立場に立った考え方をうながす。

× 「自分を基準に物事を考えるな」

○ 「君がそういわれたら、どう思う?」

デキる人は、相手の気持ちや立場を汲んで仕事を進めるのが上手だ。上司がやってみせることがベスト!

アウト

なにが悪いのか説明不足

「いわれなくてもわかるだろう」といった考えは通用しない。コミュニケーション不足の人が増えているからこそ、きちんと説明しないと伝わらない。

ポイント

スケジュールに余裕をもたせる

予定の組み方を教える一方、自分も部下の唐突な行動に備えておく。

○ よい段取り

- 前々日 ― 書類を上司に渡す
  - 上司がチェックする時間に余裕をもたせる
- 前日 ― 上司のチェック
  - 修正が出た場合に備え、時間を残しておく
- 締切日 ― クライアントに提出

× 悪い段取り

- 締切日 ― 書類を上司に渡す
- ― 上司のチェック
- ― クライアントに提出

case 03

なんとなく仕事に身が入っていない

やる気が感じられない

本当にやる気がないのか、やる気がないように見えるだけなのか、まずはそこを判断することから始めよう。

チェック

なぜやる気がなく見えるのか？

仕事の失敗で自信をなくした、家庭内に問題がある、職場でいじめがある、上司と合わないなど、やる気が出ない理由は人それぞれだ。原因がわかればそれに応じて仕事をフォローしたり、職場環境の改善など、適切な対応を考えることができる。まずは話を聴くこと。

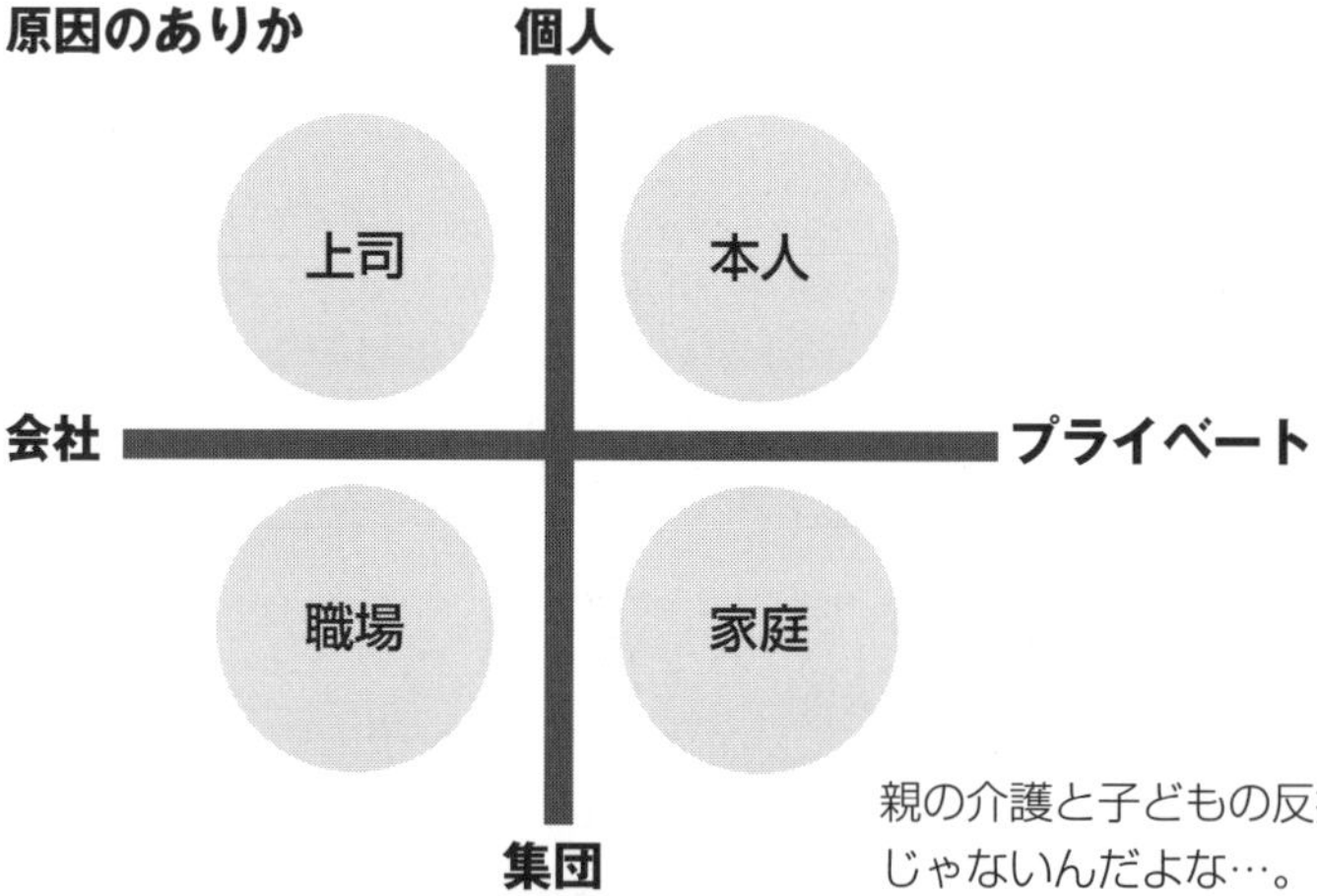
原因のありか
個人
上司
本人
会社
プライベート
職場
家庭
集団

親の介護と子どもの反抗期で仕事どころじゃないんだよな…。

モモモ
グヴグヴグヴ
グーグー

やっつけ仕事をしているようです

仕事にも慣れた入社三年目の部下。仕事への興味が失せてしまったのか、つまらなそうにただ仕事をこなしている感じです。

こういったわずかな変化に早く気づくのは大事なことだ。同じように仕事をこなしていても、意欲をもってやるのと、流してやるのでは将来大きな差が出る。

部下の話を聴いて原因がどこにあるのかをさぐり、下のようなやる気を引き出すための工夫を考えよう。

さらに日頃からコミュニケーションをよくとる、上司自身がやる気を見せるなど、部下のモチベーション維持に努めることが大切だ。

ポイント

やる気を高め、維持する要因を知る

どうすればやる気が高まるかも、やはり人それぞれ。きちんとコミュニケーションをとることで、解決の糸口を一緒に探したい。

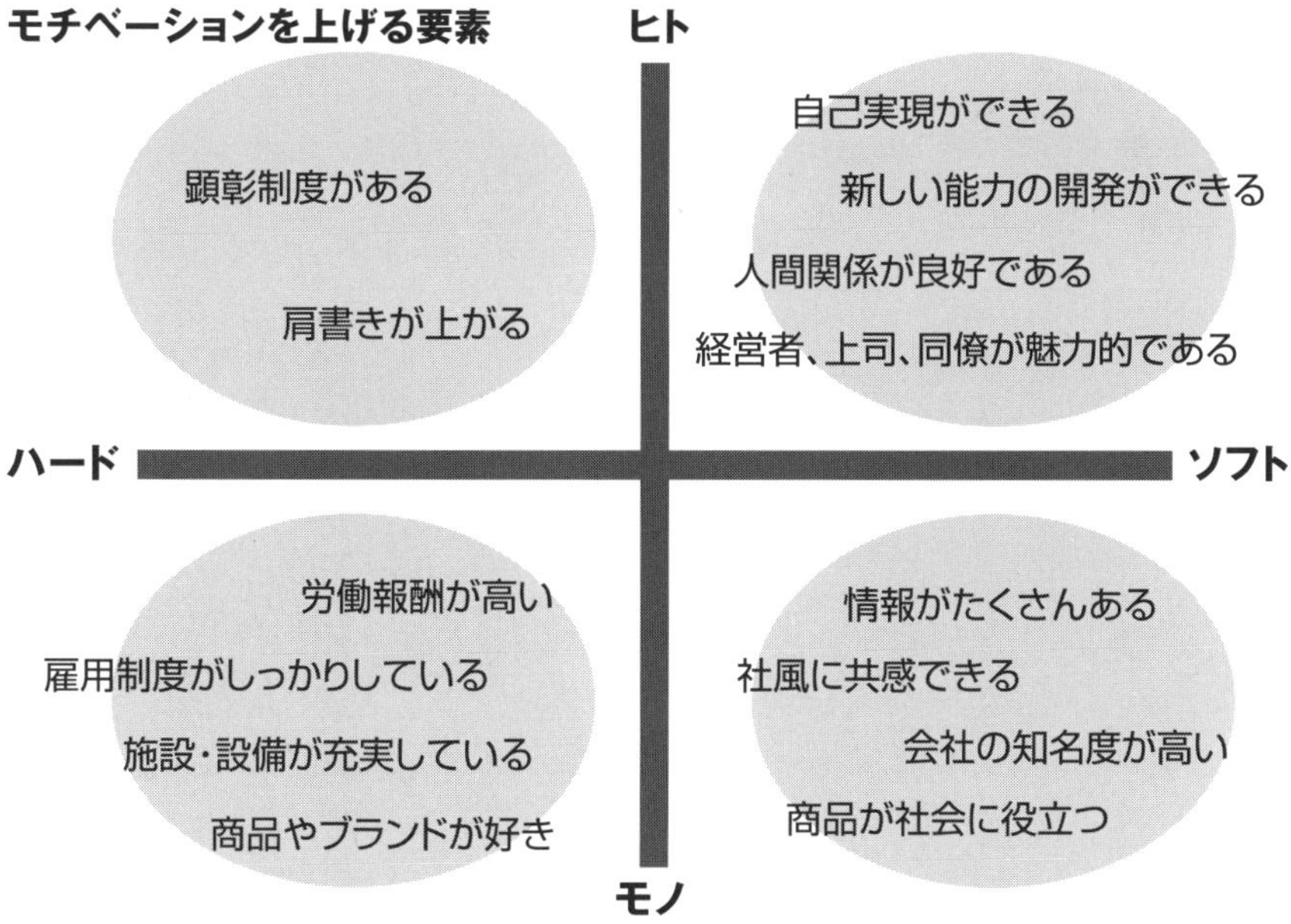
モチベーションを上げる要素
ヒト
モノ
ハード
ソフト
顕彰制度がある
肩書きが上がる
自己実現ができる
新しい能力の開発ができる
人間関係が良好である
経営者、上司、同僚が魅力的である
労働報酬が高い
雇用制度がしっかりしている
施設・設備が充実している
商品やブランドが好き
情報がたくさんある
社風に共感できる
会社の知名度が高い
商品が社会に役立つ

case 04

「いわれる前に自ら進んでやる」ってなんのこと？

指示しないと動かない

自主性がないのは、まだそこまで成長していないからだと考えよう。上司のサポートしだいで徐々に自分で動き出すようになる。

アウト

自主性を重んじて指導がおろそかに

仕事の流れも組織のしくみもまだわからない新人社員の場合、自主性を求めるのは高望みというもの。自主的に動きたくても、どうすればいいのかわからない。入社数年目の社員には、どうしてほしいか伝えて指導し、自主性を求めるようにしたい。

指示を待つ姿勢よりも、主体的に仕事に取り組む姿勢が評価されることを伝えておく。

こんな部下に出会ったら

やれといわないとなにもしません

いわれたことはきちんとこなしますが、細かいところまで指示を出さないと、仕事が前へ進みません。

まずは、いわれたことをきちんとこなすことに感謝をしよう。そのうえで、手が空いたら周りを手伝う、慣れたら営業先を増やしていくなど、上司の希望をはっきり伝えることが重要。

やるべきことの予定を自分で組ませ、早く終わったら次の仕事へ進む習慣をつけさせる。

経験を多く積み、自信がつけば、自分で動くようになるはずだ。

一人一人が自分の頭で考えながら仕事に取り組むようにしてください
いちいち指示しないと動かない
すぐに上司の判断を仰ぐ
隣の人が忙しそうでも知らん振り

自主的に働くことと、独断で仕事を進めることはぜんぜん違う。誤解のないように指導したい。

ポイント

経験をさせる

若手社員と中堅社員の違いのひとつは経験の差だ。やったことがなければ、自ら動くことはできない。積極的に仕事の経験をつませる。

ポイント

仕事の任せ方を変える

仕事の与え方に問題があることも考えられる。担当をもたせるなど、ある程度まとまった仕事を与えることが大切だ。ただし、報告をきちんとさせ、フォローできる体制を整える。

case 05

同じ間違いを繰り返す

何度注意してもまったく効き目がない

ケアレスミスは、叱って直るものではない。なぜ間違いを繰り返すのか、その原因を捉えて解決策を考えたい。

チェック

繰り返す原因はどこにあるのか？

本人に原因がある場合もあれば、指導する上司や職場環境、仕事のさせ方に問題がある場合もある。指導のポイントが異なるため、まずは原因をさぐる。

本　人

能力不足なら指導を徹底する、家庭に悩みがあるなら相談にのる、意欲がないならコーチングでやる気を引き出すなど、原因と対応を考える。

能力がない
意欲がない
あ…申し訳ありませんでした
仕事と適性が合わない
プライベートのトラブル

ケアレスミスがなかなか直りません

ミスを繰り返すたびに反省をしているようですが、やはり同じ間違いを繰り返してしまいます。どう指導すればよいでしょうか。

なぜ間違いを繰り返してしまうのか、本人と一緒に考える必要がある。この項目で挙げた問題例を参考に、原因を分析し、それに応じた対応をとりたい。

単純なケアレスミスには、叱るよりも「それはヒューマンエラーだ」と指摘することが有効。「達成しようとした目標から意図せずに逸脱することになった、期待に反した人間行動」をヒューマンエラーという（日本ヒューマンファクター研究所より）が、これを組織全体で意識することでミスが減る。

上司・職場環境

上司の態度や教え方、仕事の任せ方に問題がないか反省したい。また全体的にミスが多い場合は、職場に緊張感をもたせるよう改善を。

指導不足
部下を見ていない
部下のできる範囲を超えている
連帯感が乏しい
上司に魅力がない
いじめがある
職場全体が甘い

case 06

いわれたことをその通りにやらない
仕事をなめている

やろうとしてできないのは知識や技術の問題だが、できるのにしないのは心の問題。この場合はきちんと話し合うことが重要だ。

ポイント

「しない」と「できない」はまったく違う

たとえば「指示通り動かない」としたら、わざと動かないのか、動けないのか見極める。指示通り動かないという事実は同じでも、しないのとできないのとでは雲泥の差だ。対応も違うものになる。

●**いわれたことをしない**　やろうとすればできるのに手を抜くなど、働く姿勢ができていない。話し合いや注意が必要。

●**いわれたことができない**　真剣に仕事に取り組んでいるが、経験不足や能力の問題でうまくできない。再指導が必要。

チェック

上司の姿勢は悪くない？

部下は上司の背中を見て仕事をしている。上司が真剣に仕事に取り組んでいる姿を見せることが大切だ。部下の仕事への姿勢が悪いと思ったら、自分や職場の同僚の働く姿勢が悪くないか、振り返るといい。

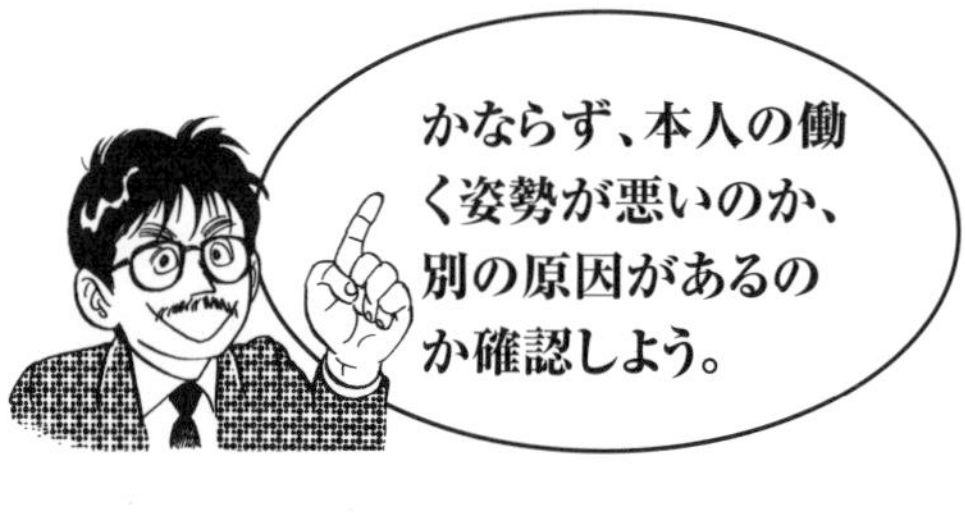
かならず、本人の働く姿勢が悪いのか、別の原因があるのか確認しよう。

アウト

注意をしていない

適当な仕事ぶりや手抜きに対して注意をしないことは、暗黙の了解をしているのと同じことだ。気になる問題行動があるときは、きちんと話をして注意することが必要。

いい加減な仕事ぶりが目に余ります

締め切りに遅れる、態度が悪くてクライアントを怒らせる、指示を守らない等々を繰り返す部下。注意しても右から左へ抜けている状態で…。

こちらから注意するばかりではなく、一度じっくり話し合って相手の考え方を聴く必要がある。

部下のほうでは「指示が具体的でないからうまくいかない」「対応がわからないのにやらされた」「あまり指導してくれない」などの不満をもっているかもしれない。

そうではなく、たんに真剣に仕事に取り組んでいないだけならば、厳しい忠告も必要。甘やかさずに温かい目で、厳しく指導したい。

いい加減にやっていては
結果が出ないぞ
それに自分のためにも
ならないぞ
しっかりしろ！

厳しく叱る　働く姿勢が目に余る場合は、ときに厳しく叱ることも必要。TPOに配慮して、育てる意識をもって叱る（P66参照）。

case 07

どっちが部下で、どっちが上司かわからない
マナー、礼儀を知らない

社内で失礼な態度をとっている人は、社外でも礼儀がなっていないはずだ。本人のためにも会社全体のためにもすぐに再教育を！

今朝頼んだ書類のコピーはまだかな？
カタカタ
はい、はい あとでやります

こんな部下に出会ったら

基本的な常識すらもっていません

敬語が使えない、上司の話をパソコンに向かったまま聞くなど礼儀を知りません。子どものしつけのようなことまで上司の仕事？

ビジネスマナーが身についていないと、本人だけでなく上司である自分も、会社全体も印象が悪くなってしまう。

コミュニケーションがドライになった、競争主義が激しいなどが原因で、ビジネスマナーの教育がおろそかになっている面もある。だからこそ上司は気をつけたいもの。自分も再勉強するつもりで指導する。

アウト

自分のマナーも悪い

上司がきちんとしていると、部下もそれを真似するようになるはず。まずは自分のマナーをチェックしたい。

ポイント

そのとき、その場で注意する

失礼なときは、TPOと叱り方に気をつけながら（P66参照）すぐ注意する。その場かぎりにして、あとを引かないように。

基本ができていない人が増えているからこそ、当たり前のことがきちんとできるだけでも好印象を与えられる。

チェック

ビジネスマナーの基本を再点検する

●あいさつの仕方

相手の目を見て、明るく元気よくあいさつをする。相手が部下でも自分から先にあいさつする習慣をつけておきたい。おじぎや会釈もTPOに合わせてきちんとする。

●話し方

仕事では敬語を使うのが原則。正しい敬語はもちろん大切だが、それ以上に相手を思いやる会話を心がけたい。返事や相づちをしながら、相手の話をよく聴く。

●訪問マナー

アポイントのとり方、名刺交換の仕方、席の上座下座など、社外の人と接するときのマナーはとくに重要。会社を代表して会うのだから、礼儀は徹底しておきたい。

●電話・メールのマナー

会議中に携帯電話が鳴るのは失礼だ。常識と思われていることも念のため確認する。また、電話やメールを使うときは、相手の顔や声が見えないぶん、細心の注意が必要だ。

case 08

ベテランの年上部下

年齢なんて関係ない、とはなかなかいえない

年齢や性別など関係なく渡り合うのがビジネスの世界。年上の人と接するよい機会だと考えて、自分が学ぶ姿勢も大切だ。

ポイント

言葉遣いに気をつける

相手に不快感を与えるものの言い方をしてはいけない。たとえ部下であっても年は上。言葉遣いは丁寧に。

チェック

相手の考え方を知る

「なぜ年下のアイツがオレの上司？」と考える人に対し、職制だからと上司風を吹かせては波風が立つ。反対に、仕事は仕事と割り切っている人に対し、妙にへりくだって対応するのも嫌味だ。会社の体制（成果主義とか年功序列など）にもよるが、相手の考え方を理解したうえで、敬意をもって指導したい。

上司として指導、命令をする一方、年長者が力を発揮できる場をつくることも大切。得意分野を任せ、わからないことは素直に聞こう。飲み会では自分が下になるくらいの気軽さがほしい。

下手に出てしまう

相手のほうが経験豊富だからといって、いうべきことをいわないのはNG。上司としての仕事の指示、注意は全うする。

かつての先輩が私の部下になりました

五つ先輩で部下のAさん。ときどき私に相談なく仕事を進めたり、私を飛び越し部長に直接企画を渡しているようでメンツがたちません。

このAさんがもしも年下だったら、どう対応するだろうか。当然、組織としてのルールを話して、守るように指導をするはず。それが管理職の仕事だからだ。たとえ年長者でも対応は同じ。

とはいえ、年も経験も自分より上だと思うと、躊躇してしまう気持ちもわかる。キャリアに敬意を払い、言葉遣いに気をつけながらけじめをつけたい。

職場には中途社員や派遣社員、外国からの研修生などさまざまな人がいる。相手を尊重しながら話す姿勢が大切。

頭越し外交はなめられている

直属の上司や部下を飛ばして仕事をするのはルール違反。上意下達、下意上達のルートが乱れると、組織も乱れる。

けじめをつけないと、管理能力を疑われる

部下が上司を飛び越して仕事をすることを認めてしまうと、管理職が浮いてしまい、存在する意味がなくなる。きちんと話してけじめをつける。

case 09

サボっている部下

仕事をするフリをしているとしか思えない

うわさや憶測だけで「サボり」と判断してはいけない。
しっかり現場を押さえたうえで注意する！

アウト

叱る場合と叱らない場合がある

注意される部下とされない部下がいると、えこひいきだととられてしまう。また、いつも見逃していた程度のサボりを突然注意するなど、気分で叱るのはよくない。

ポイント

事実を確認する

現場を見ていないのに、サボりと決めつけると、部下のやる気や信頼をなくす。まずは事実確認を。

対応が一定していないと部下はやりづらい

こんな部下に出会ったら

パソコンに向かってはいるけれど……

机などに向かって、一見働いているように見えるのですが、進行状況が遅く、ちゃんと働いているとは思えません。

サボりと一言でいってもいろいろだ。仕事の結果はきちんと出しているうえでちょっと息抜きをしている者。結果も出さずにただ時間を過ごしている者もいる。この見極めを誤ると、注意にブレが出たりえこひいきだと思われる。よく見て話を聴くことだ。

実際に目に余るサボりは、見て見ぬふりをせず、注意しよう（66ページ参照）。

おーい　多南はいったい
どこへ行ってるんだ!?
いつもいないじゃないか
あいつ、本当に仕事しているのか！
営業じゃなくサボりだろう
昨日の接待もただの宴会じゃないのか？

部下を疑いだすときりがない

部下との信頼関係がないと、イライラして自分の仕事が手につかなくなるだけだ。

チェック

自分の行動は大丈夫？

上司のあなたが自分はサボったりしてないと思っていても、傍から見ている部下から「サボり」と思われる行動をしている可能性がある。この意識のズレがあると、注意された部下は納得できない。

column

ハンドルには〝遊び〟が必要だ

自動車のハンドルに遊びがないと、ちょっとハンドルを動かすだけで曲がってしまい事故を起こしやすい。同じように仕事にも遊び、つまりゆとりや余裕が必要だ。

一分のすきもなく仕事に集中しろというのは無理がある。度を越さない程度ならば、気づかないふりをしたほうが、部下も気持ちよく働ける。

case 10

口先ばかりの部下

調子のいいことばかりいって行動がともなわない

「あいつは口ばっかりだ」という部下はどこにでもいる。本当はやる気が空回りしているのかもしれない。本音を聴いてみよう。

上司の側に問題がある

結果が出なかった原因は部下だけにあるわけではない。上司の指導やフォローが足りていないケースも多い。

✕ 計画、進行予定を部下から聞いていない

「やります」といった部下に仕事を丸投げして、どうやるのか事前に聞いていないケース。これでは、思っていたのと違う結果が出ても上司の責任だ。部下が自主的に予定や計画を報告すべきだが、いってこなければこちらから聞く。

✕ 中間報告を聞いていない

部下から事前に計画を聞かされ、中間報告も上がってきているのに、チェックや判断を先送りにする。最後の最後で「こうじゃなくて…」と話をひっくり返すのはNGだ。

✕ 任せておいて失敗を非難する

部下からの相談に対し「キミに任せるよ」といったのに、失敗すると僕は聞いていなかったと部下に責任を押しつける。任せても、最終的な責任は上司にあるのだ。

人のせいにして言い訳する部下には、コーチングを使って、自分の責任を考えさせたい。P58へ。

結果が出せないと言い訳ばかりします

積極的に仕事に取り組み、いつも返事は「できます」という部下。でも、成果が出ないと、なにか外的要因に責任転嫁をします。

相手をとがめる前に、自分に原因がなかったか考えることが先だ。部下が「できない」といえない雰囲気や、相手を責める高圧的な態度をしていなかったか振り返ってみたい。

そのうえで、部下の言い分をじっくり聴くことが大切。自分を認めてくれない、自分だけ嫌な仕事をさせられるなど、不満がたまっているために言い訳をしているのかもしれない。

口先ばかりの相手には、発言に論理性を求め有言実行を約束させよう。

ポイント

部下の心の声に耳を傾ける

認められないことが不満。やる気のダウン、協力しない、などの問題行動につながる。早めにフォローを。

あれくらいの仕事
オレだってできるよ
な　いつもあいつだけ
おいしい仕事だ
もしかして部長に
色仕掛けでお願い
してるんじゃないの

不満がたまりすぎると、反抗的になる、陰口をいう、故意に迷惑をかける、などの攻撃行動に出ることも。

case 11

いつもわが道を勝手に行ってしまう
チームワークを乱す

組織に属している以上、組織に貢献しなくてはならない。チームワークの重要性を教えて仕事への取り組み方を変えさせたい。

チェック

なぜマイペースなのか？

自分本位に仕事をする、残業を絶対にしないなど、協力的でない行動の裏には、親の介護などなんらかの事情があるのかもしれない。話を聴いてから対応を考えたい。

ポイント

組織の一員という意識をもたせる

自分の担当している仕事が組織のなかで、どういう形で貢献しているのか理解させることが必要。自分の締め切りが遅れると、後工程でどんな問題が生じるか考えさせたい。

仕事の位置づけを理解させよう。

こんな部下に出会ったら

独断で行動して迷惑です

チームで仕事をしているのに、自分勝手にスケジュールを立てたり、仲間に相談せずに企画の一部を変更します。

もっとよい仕事をするにはどうすればよいか、自分で考えることは大切だが、チームで仕事をする以上、全体のことを考えて働くことは重要だ。

自分の仕事が組織のなかでどのような位置づけにあるのか、どう貢献しているのか部下にわからせるよう指導する。

部下の意識を変えて、協力体制をつくり上げることは管理職の役目だ。

こちらから仲間として受け入れる

認められ、必要とされていることを実感することは、やる気に直結する。部下に対して、「大事な仲間だ」「活躍を期待している」という態度を示す。

君がいてくれて本当に助かるよ
これからも一緒に頑張ろうな

ポイント

人事異動も考える

どう指導しても能力開発がむずかしく、部下の適性と仕事が合わない場合は、人事異動もひとつの手段。

仕事と能力のミスマッチは組織にとってもよくないこと。P98も参照に!

column

仕事中心か生活中心かは景気に左右される!?

景気の悪い時期に入社した人は、個人の生活よりも仕事を中心に考える傾向があり、逆に、景気のよいときに入社した人は、仕事よりも自分の生活を大事にするという。

終身雇用制度が見直され、頼れるのは会社よりも自分や家族だと考える人が増えている今、これはけっこうあたっているのではないかと思う。

case 12

成果が上がらない

一生懸命だけど結果がともなわない

仕事は努力すれば結果が出るというものではない。とはいえプロセや頑張りは認めるべき。結果が出るようサポートを。

ポイント

頑張っているプロセスを認める

まずは一生懸命やっていることを認めてあげたい。成果が出ないことで傷ついているのは部下本人だ。成果や結論を出すためのプロセスもきちんと見て評価する。

やる気を失わないよう、フォローすることが大切。

チェック

問題点はどこにあるのか？

本人の能力不足や経験不足が原因なら、モチベーションを維持させつつ指導を続ける。
本人の実力に合っていない仕事を与えたためにやりとげられない責任は仕事を割り振った上司にある。

column

わくわくしながら結果を出す

結果を出すのは管理職の責任だ。とくに成果主義をとっている会社の場合「結果」を強く求められるが、プロセスを楽しむことも大切だ。
「結果」だけを求めて悲壮に働くよりも、プロセスを楽しみながらのほうがよい結果がでることが多い。わくわくしながら働く姿は部下に伝染する。リラックスして楽しく働こう。

営業成績がまったく伸びません

アドバイスも受け入れつつ一生懸命やっているのはわかりますが、結果が出ない部下がいます。営業に向いていないのかも……。

一生懸命頑張っている部下と、よく話をしてほしい。本人が挑戦しているときに別の仕事に変えてしまっては消化不良になる。どこに問題があるのか、どうすればいいのか、部下の話を聴き、考えを引き出すことが大切だ。

アドバイスを具体的にしたり、同じ営業でも飛び込みではなくルートにする、法人ではなく個人にするなど部下の適性に合ったタスクを与えることも。

それでも結果が伸びず途方にくれていたら、適性を見極めることも必要だ。

なんでうまくいかないんだ
この仕事向いていないのかな

適性を見極めるのも管理職の役目

技術開発者としては優秀であっても、営業が上手にできるとはかぎらない。適材適所を見極めて仕事を振り分ける。

case 13

何事にも控えめな部下

仕事ができないとか、嫌いなわけではないのに

「積極性」が人事考課の評価項目に入っている会社も多い。ビジネスにおいて「控えめ」なのはプラスにはならない。

チェック

なぜ控えめなのか？

理由がわからないことには対策が立てられない。控えめな部下の場合、話も控えめになりがちだ。コーチング（P40〜43参照）でじっくり話を聴き出したい。

- **自信がない** 過度に失敗を恐れている。成功体験をつませる。
- **やる気がない** 仕事を通じて成長する喜びを伝え、やる気を引き出す（P30参照）。
- **消極的だ** 前に出ることを好まない人もいる。こちらから仕事を振るといい。

こんな部下に出会ったら

チャレンジ精神が欠けています

そろそろ大きな仕事を任せたいと思うのですが、「私にはとてもできません」といって引き受けようとしません。

「謙譲の美徳」「沈黙は金」などの言い方があるが、ビジネスがグローバル化されている今、積極性が求められている。消極的な姿勢はマイナスであることを伝えよう。

そもそもなぜできないと思うのかきちんと話し合う必要がある（上参照）。

いろいろな仕事を経験することで能力開発される喜びを体験させたいものだ。

成功体験をつませる

簡単なことや責任範囲の小さいものから経験させる。成功体験を繰り返すことで充実感や喜びを感じ、自信が出てくる。

やったな
とても
うまく
いったじゃ
ないか
すごいぞ

column

全員が積極的である必要はない

ビジネスの場で「積極性」が尊ばれるのは確かだが、チームで考えた場合は、全員が全員、積極的である必要はない。

イケイケどんどんで先頭に立って働く者もいれば、周りを見ながら協調して仕事を進めるものもいる。ちょっと出遅れながらもコツコツと頑張る者がいれば、盛り上げ役でワーッと仕事に取り掛かる者もいる。

こうしたいろいろな個性を組み合わせて、全体でよい結果を出すことが、管理職の役目だ。

同じ個性で1＋1＝2の仕事をするのではなく、得意不得意を補い合って仕事をすれば、1＋1を2以上にできる。

部下一人一人をよく見て、いい点、悪い点をきちんと把握しておくことが大切だ。

case 14

なかなか会社の空気になじめない 中途入社の部下

働き方が多様化している時代だからこそ、すべてのスタッフが気持ちよく働ける職場づくりが求められている。

チェック

一匹狼にならないように注意

手間ひまかけて採用した人材が組織のなかで生きないと大きな損失になる。職場で浮いていないか気にかけ、話をする。仕事のやり方の違いも含め、互いに理解を深めたい。

ポイント

ルールを理解させる

会社には社風があり、その会社独自のやり方やルールがある。ほかの会社で経験したり目にした意見や提案は大いにしてもらいたいが、固執されては困る。前の会社のよいところは残しつつ、やり方を変えていくように指導する。

column

同僚や先輩によるフォローも効果的だ

　中途入社の場合、日々の仕事のほかに、会社の風土や人間関係、プライベートなどさまざまなことについて話を聴いたり、相談にのる人がいると安心するものだ。

　とくに上司よりも身近な先輩や同僚がベストだ。

　チーム全体で受け入れる姿勢を示し、職場に早くとけ込めるよう心がけたい。

転職者は転職を繰り返す可能性が高い。せっかく採用した人材だ。まずは定着させよう。

前の会社のやり方にこだわっています

なにかというと「以前いた会社ではこうやっていました」という返事が返ってきます。少しずつでもうちのやり方になじんでほしいのですが。

転職者の場合、前にいた会社のやり方と新しい会社のやり方の間で戸惑っているケースが多い。自社のやり方を押しつけるのではなく、両者の違いをレポートにまとめてもらうなどして、どの方法がベストなのか、転職してきた部下と話し合うようにする。

会社全体が「井の中の蛙」になっていることもある。前の会社で経験したよいところを吸収しながら、よりよいやり方に変えていくよう指導したい。

それが組織の活性化にもつながる。

前の会社では社内プレゼンを事前にしました
なるほど そうすることで どんなメリットが 生まれるの？

提案は受け入れる

異業種からの転職者の場合、視点が異なるため斬新な提案が期待できる。気になることはどんどんいってもらう。

Check

仕事による負担度は？

働いていると知らず知らずに疲れをため込みやすい。自分の疲労度を知って、きちんと体調を管理することも大切だ。

労働者の疲労蓄積度自己診断チェックリスト

1 最近1ヵ月間の自覚症状について

質問に対して、よくある場合は「3」、ときどきある場合は「1」、ほとんどない場合は「0」を記入し、すべてを合計する。

1	イライラする		8	することに間違いが多い	
2	不安だ		9	仕事中、強い眠気に襲われる	
3	落ち着かない		10	やる気が出ない	
4	ゆううつだ		11	へとへとだ（運動後を除く）	
5	よく眠れない		12	朝、起きた時、ぐったりした疲れを感じる	
6	体の調子が悪い		13	以前と比べて、疲れやすい	
7	物事に集中できない			合計	

自覚症状の評価　Ⅰ　0〜4点　Ⅱ　5〜10点　Ⅲ　11〜20点　Ⅳ　21点以上

2 最近1ヵ月間の勤務の状況について

質問に対して、最も当てはまる項目の点数（カッコ内）を合計する。

1	1ヵ月の時間外労働	ない又は適当(0)	多い(1)	非常に多い(3)
2	不規則な勤務（予定の変更、突然の仕事）	少ない(0)	多い(1)	−
3	出張に伴う負担（頻度・拘束時間・時差など）	ない又は小さい(0)	大きい(1)	−
4	深夜勤務に伴う負担（★1）	ない又は小さい(0)	大きい(1)	非常に大きい(3)
5	休憩・仮眠の時間数及び施設	適切である(0)	不適切である(1)	−
6	仕事についての精神的負担	小さい(0)	大きい(1)	非常に大きい(3)
7	仕事についての身体的負担（★2）	小さい(0)	大きい(1)	非常に大きい(3)

★1:深夜勤務の頻度や時間数などから総合的に判断する。深夜勤務は、深夜時間帯（午後10時〜午前5時）の一部又は全部を含む勤務。　★2:肉体的作業や寒冷・暑熱作業などの身体的な面での負担

勤務状況の評価　A　0点　B　1〜2点　C　3〜5点　D　6点以上

総合判定

自覚症状、勤務状況の評価が交差するところが負担度の点数。

		勤務の状況			
		A	B	C	D
自覚症状	Ⅰ	0	0	2	4
	Ⅱ	0	1	3	5
	Ⅲ	0	2	4	6
	Ⅳ	1	3	5	7

仕事による負担度

0〜1点　低いと考えられる
2〜3点　やや高いと考えられる
4〜5点　高いと考えられる
6〜7点　非常に高いと考えられる

※糖尿病や高血圧等の疾病がある方の場合は判定が正しく行われない可能性がある。

（資料:厚生労働省）

Part 3

組織をまとめ、チームの目標を達成する

―組織論―

チームのまとめ方1

多彩な個性を生かすことがリーダーの仕事だ

組織にはいろいろな人材が必要

構成が得意
プレゼンが
うまい
デザインに
詳しい
チェック
するのが
得意
SOL AR

企画や構成を練るのがうまい人、間違いを見つけるのが得意な人、企画や提案をクライアントへ説明し伝えるのがうまい人、得意分野をもつ人の集まりこそが組織だ。

部下たちは、同じチームで働くという共通項以外、年齢も、性格も能力もバラバラだ。仕事のやり方も違う。

しかし、違う個性の集まりだからこそ仕事が成り立つ。前に出ていきたがるような人材だけでは仕事はうまく進まない。野球チームだって、四番バッターばかり集めても勝てない。

最近では、成果主義を重視するあまりハイパフォーマンスの若手を重宝がり、ベテラン社員を減らす傾向があるが、チームにとって大損害だ。ベテランの知恵は、人材育成やトラブル処理など、経験がものをいう場で貴重な戦力となる。

一方、チーム員としての役割を明確にすることも重要だ。相談役、盛り上げ役、フォロー役、調整役など、部下それぞれに自分の役割を自覚させる。

生産性と育成のバランスを考える

生産性を重視する
とくに秀でている分野があれば、専念させてエキスパートに育てる。ただし、一人に任せきりにすると、休みや、退職時に戦力喪失となる。バックアップ要員の確保が必要。

メリット

専門家の集まりになれば、生産性がアップ

デメリット

一人が抜けたときの穴が大きい

育成を重視する
専門をもたせず、さまざまな仕事を経験させることで、オールラウンドの人材を育てる。慣れないうちは生産性が落ちるが、数年後には多種類の仕事を覚え、戦力となる。

メリット

戦力になる部下をじっくり育てることができる

デメリット

成長するまで時間がかかり、辞められた場合、無駄になる

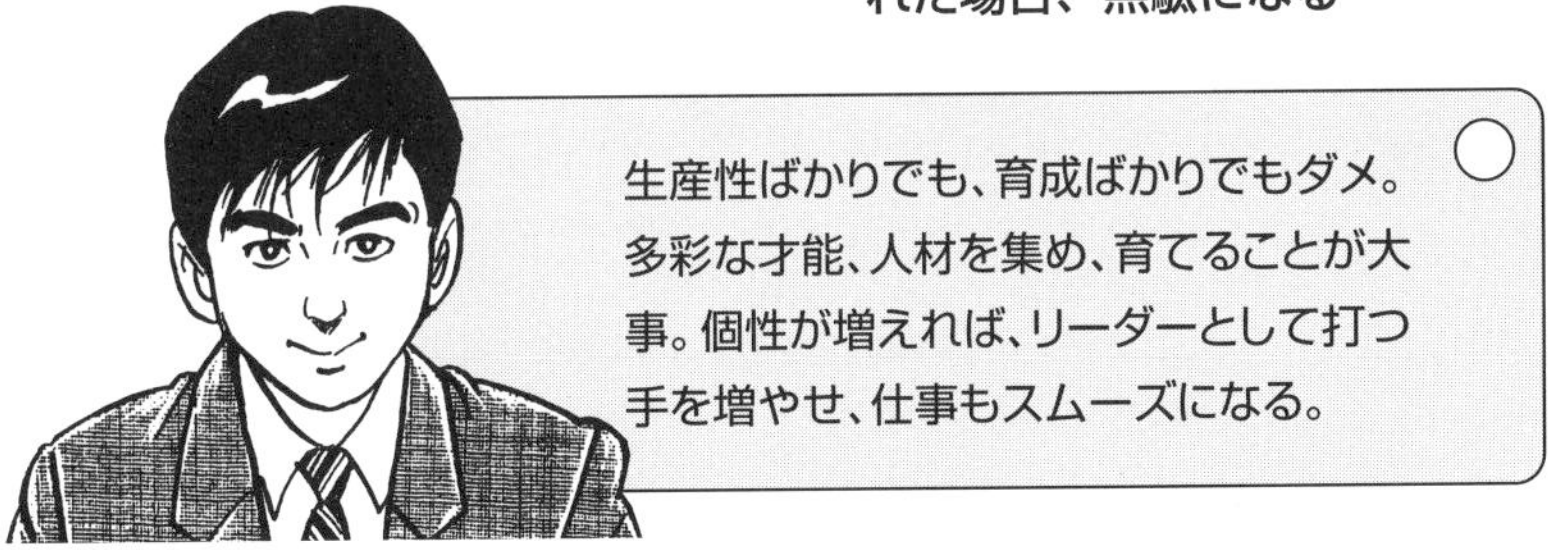
生産性ばかりでも、育成ばかりでもダメ。多彩な才能、人材を集め、育てることが大事。個性が増えれば、リーダーとして打つ手を増やせ、仕事もスムーズになる。

こうした部下の個性や能力を認めたうえで、仕事の配分を考える。適材適所に部下を配置するためには、いろいろな仕事を経験させることが第一だ。

配置の仕方は、生産性と人材育成がポイントとなる。どちらかに偏らないことが大切だ。

column

派遣、契約、パートの社員も上手に生かす

部下には契約や派遣など、さまざまな雇用形態が混在していることが多い。彼らと社員の最大の違いは、給与やボーナスなどの金銭的報酬だろう。しかし、これはリーダーの一存では変えられない。

モチベーションを維持するには、リーダーの対応や言葉遣いが重要だ。社員と区別せず、自分の部下としてしっかりとコミュニケーションをとることを心がけよう。

チームのまとめ方2

上司、部下、同僚。三方向へのリーダーシップを身につける

リーダーのタイプもいろいろ

王様タイプ

決定権をもつ専制君主として振る舞う。部下に指示を出し、それを守らせることによって仕事を進める。規律は守られるが、部下の自主性が育ちにくいことも。新人など未熟な部下が多いときは適切。

友達タイプ

部下と一緒に行動し、決定事項は話し合いなどで決める。コミュニケーションが密でチームワークはよいが、緊急時や即断が必要なときに対応できないことがある。成果が出ているときには適しているが、慣れ合いにならないように注意が必要。

放ったらかしタイプ

上司として最低限のことだけ行い、あとは放任する。度がすぎるとチームワークがなく、部下がバラバラになりやすい。また頼りがいのない上司とみなされやすい。部下の能力が高く、自主性があり、成果を出せているなら問題ない。

チームをまとめるリーダーシップのタイプはひとつとはかぎらない。ぐいぐい引っぱるのが得意な人もいれば、しんがりで見守るのが向いている人もいる。管理職になったからといって、自分のキャラクターを一八〇度変えることはできない。自分にしっくりくるタイプで貫けばよい。

ただし、どんなタイプであっても責任問題が起きたら、自分が前に出るべきだ。逃げてはいけない。

さらに、管理職がもつべきリーダーシップは部下にだけ向けるものではない。会社や組織に属している以上、自分の上司や同僚、ほかの部署のリーダーとも接する。自分の上司に対しては補佐役となるフォロワーシップが必要だし、同僚には横の連携をはかるメンバーズシップが必要だ。

リーダーシップは3つの方向へ

同僚へ

メンバーズシップ

部や課が別でも部長同士、課長同士、横のつながりをもって、情報交換や連絡を行う。

部下へ

リーダーシップ

上司が部下に指示や援助、評価を行いながら、仕事をマネジメントしたり、育成したりする。

お待たせしました
たくさん連れてきたので　じっくり
お話させてください
同僚
部下
上司

上司へ

フォロワーシップ

部下として上司へ、報告や連絡を行う。新たな提案をしたり、意見を持ち上げることもある。

目標達成のポイント

はっきりしたゴール、課題を全員で共有する

チーム、個人の目標を明確に示す

会社の経営目標

年間の経営計画（利益目標）

部門ごとの目標

チームごとの目標

個人個人の目標

大きな目標の達成には、目標を分解していく作業が必要。それによって、いつまでに、なにをすべきか、なにが必要かを具体的にイメージできる。スケジュールを立て、無理なく計画を進めることができる。

チームのリーダーとして部下をマネジメントし、成果をきっちりと出すためには、チームの目標を明解に示すことが大事だ。

業績アップなら何ポイント増なのか、契約件数なら具体的に何件獲得するのかを掲げる。ゴールは、明確にすればするほど達成しやすくなるからだ。

こんな例がある。五〇〇ピースのジグソーパズルを二つのチームに競わせてつくらせる。Aチームにはとにかく完成を目指すように指示を出し、Bチームには完成図はモナリザの絵だと教えて行わせる。

さて、どちらが早く完成したかといえば、もちろん完成図を知っていたBチームのほうだ。

ジグソーパズルを完成させるという同じ作業であっても、目標がはっきり

目標のクリアは3つのステップで

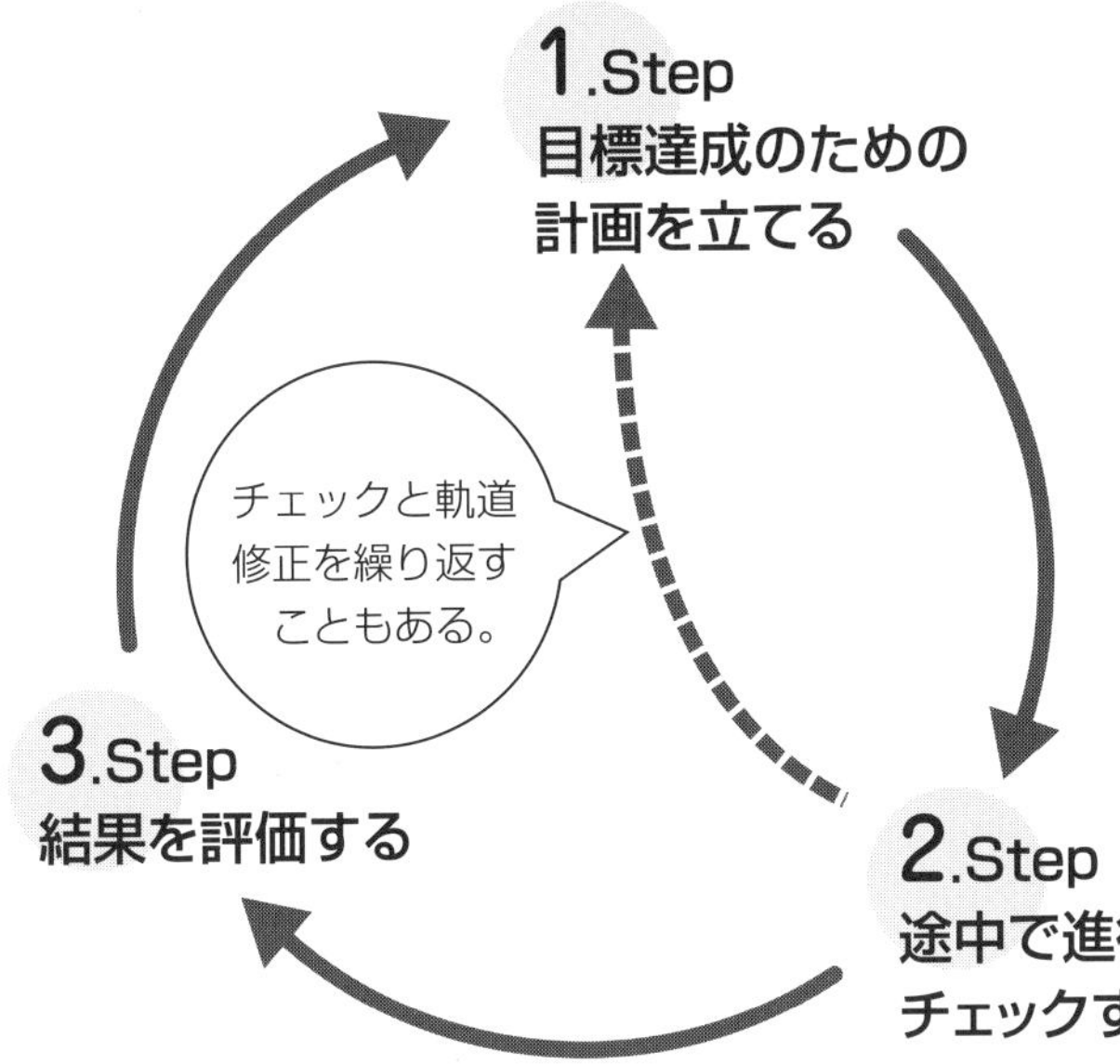
1.Step
目標達成のための
計画を立てる
2.Step
途中で進行状況を
チェックする
3.Step
結果を評価する
チェックと軌道
修正を繰り返す
こともある。

計画性のない仕事は失敗する。目標を掲げたら、そのためにだれになにを割り振るか、いつまでに進めるのか、綿密なプランを立てる。計画を立てると、ゴールをはっきりとイメージできる。

プラン通りに進んでいないときは、プランとスケジュールの見直しを。こまめに経過をチェックしないと、気づいたときには大パンクという事態になるので注意。

締め切りまでに目標を達成できたときは、部下を評価する。このとき、改善できそうなポイントはないか、反省点を洗い出す作業をやっておくと、次の仕事に反映できる。

していると作業を効率よく進められる。完成図のイメージがあるため、モチベーションも高まる。

仕事でも同様である。つねに、目標や課題を明確にイメージさせることが成功に結びつくのだ。

column

目標はちょっと高めがちょうどいい

目標は少し高めにするのがコツだ。知っての通り、実際の仕事では不測の事態が起こり、目標を達成できないことがある。目標を高めに設定しておけば、それを補うことができる。なにより、部下のモチベーションが高まる。

売上目標を少し高くする、締め切りを少し早める、営業件数を少し多くする、のだ。

そうすることで能力アップが期待できる。

仕事の効率アップ

いらない仕事、重複作業をやめ、仕事をシンプルにする

人間というのは「慣れる生き物」だ。日々の仕事をいつもやっていることだからと、必要性に疑問ももたずにやっている。雑用に追われるようになると「どうして仕事が増えていくんだ？」と感じることがあってもだ。

管理職は、これらの無駄な仕事を排除することも心がけなくてはならない。

今までトラブルもないからいいか、ではダメだ。順調そうに仕事が流れていても、改善点は多々ある。部下にもその意識をもつことを徹底させよう。

これまでもそうしてきたからという理由だけで、必要のない仕事をさせていないか、つねに周囲を見直すクセをつけておこう。

一方、必要ならば机を仕切りで区切って集中力を高めるなど、効率アップのための工夫も必要だ。

意識しないと仕事は増える

1.仕事を簡単にする

雑用を減らす。マニュアル化できるものはして、いちいちだれかに聞いたり、手をわずらわせたりしないようシンプルにする。社内の慣例は、本当にそれが必要か見直す。

2.やらなくていいことはやめる

ミーティングや報告会・会議で慣例化して実のないものは回数を減らしたり、思い切ってやめる。コピー取り、パソコンへの出入力、ファイリングなども本当に必要か考えて、やらせる。

3.重複作業をやめる

あっちでもこっちでも同時に似たような作業をしていないか、重なりがないかチェックし、重複がある場合は省く。共有できるデータ、資料はひとつにする。

もっと簡単に手をかけずに済ませる方法がないか考えよう。

これが
顧客リストです
まだ書棚に
ふた山あります

リストって
ペーパーの
ままなのか…
データベース化され
ていなかったのか…
このままでは
効率が悪すぎるな

column

デキる人をまねてチームレベルを底上げする

ちょっとむずかしい言葉だが、「コンピテンシー」という概念がある。優秀な行動特性をもつ人の行動パターンを分析し、モデル化したものをいう。

簡単にいえば、仕事をするうえで不可欠な目標達成のためのイメージを明確に描くことができ、自らプランを立て、実行に移す行動力を指す。

つまり、コンピテンシーが高い人ほど、成果を上げることができるというわけだ。

そこで、部下たちにコンピテンシーが高い人のマネをさせてみよう。優秀な人の仕事ぶりをまねすることによって、部下たちのレベルを底上げするのだ。

もちろん、管理職である自分が、コンピテンシーの高い人物になれれば、なおよいのはいうまでもない。

ミスの減らし方

失敗はただちに明らかに。二度目を防ぐ

成功より失敗を共有しよう

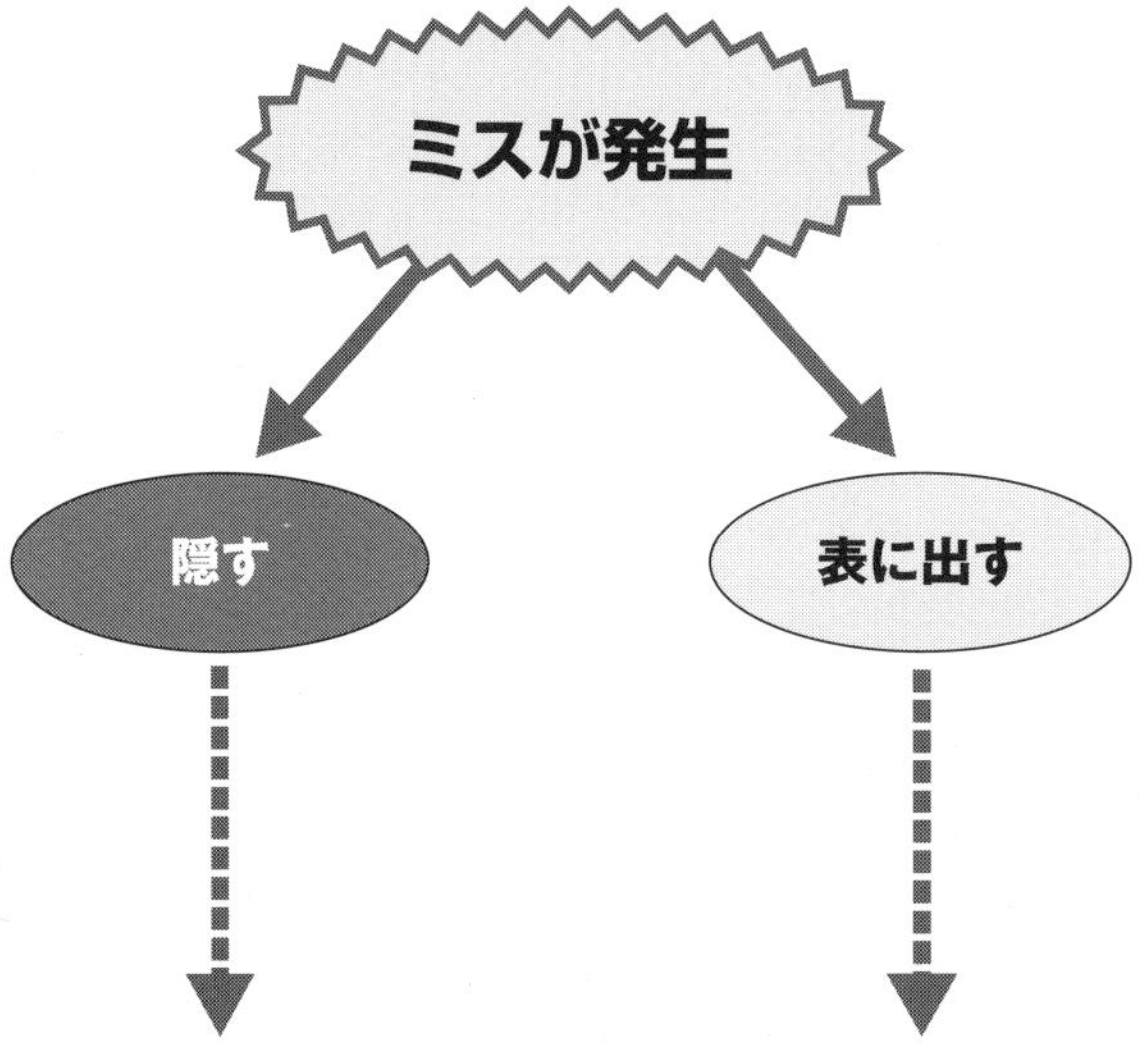

ミスを隠蔽すると、再発を防げないどころか、より大きなミスを誘発することになる。失敗の共有がないため、部下の育成が妨げられ、部下全員が似たようなミスを起こす可能性も。

ミスによってどんな結果を招いたのか、チーム全員で共有する。協力しあって解決することでチームワークが強化される。また、ミスを招いた原因を全員が知ることによって、再発を防ぐこともできる。

ニュースや新聞で物議を醸す問題や事件のなかには、原因を突き止めると「ミスの隠蔽《いんぺい》」が非常に多い。ミスを隠すために言い訳をしたり、いらぬ工作をして傷を深くする。そして信用を失い、手痛い追及を受けることになる。

　ミスを隠したい気持ちはだれにでもある。しかし、隠せば隠すほど、マズイ状況になるということを管理職は部下に教えておくべきだ。

　失敗はだれにでもある。チーム全員でミスを共有し、再発防止に役立てるほうがいい結果を生む。

　そのためには、上司がふだんからミスをオープンにしやすい環境を整えておこう。叱られるかもしれない。でも、助けてもらえる。それがわかっていれば、部下はミスを隠さない。

こんな書類を渡したら
相手が怒ることぐらい
想像できないのか！
何のために大学を出たんだ

こんな職場はミスが隠れてしまう

- ✖ 人前で見せしめのように罵倒する
- ✖ 話しにくい雰囲気がある
- ✖ コミュニケーションが乏しい

上司がすすんでミスを公表する

部下に自らミスを報告するようにさせるには、まず上司が見本を。上司がすすんでミスを明らかにすれば、部下は隠蔽を良しとしない自覚をもつ。

チームに隠し事のない明るいムードをもたせるには、上司の態度がカギとなる。

column

大きなミスは責めるよりねぎらう

ミスをおかしたくてやる者はいない。部下が大失敗をしたとき、上司のとるべき態度はただひとつ。責めてはいけない。事の重大さは本人が一番わかっている。傷ついてもいる。

責めたところで、ミスは取り戻せない。そんなときは「たいへんだったな」とねぎらい、次で挽回しようと励まそう。これがミスの隠蔽を防ぐコツであり、リーダーとしての責務だ。

情報活用・管理

情報を共有するかしないか、その判断力を養う

結婚が
決まったのか
おめでとう

全員に伝える

仕事に関するチーム全員が知っておくべき情報は、朝礼やミーティングなどで全員に通達する。重要なことは文書にしたり、メールで念を押す。

1対1で伝える

人事に関することやプライベートな情報など、他人に聞かれたくないことは、１対１で伝えるのが原則。場合によっては、口止めをしておくことも必要。

情報には2つの種類がある

共有の制限を検討すべき情報

例

プライベートな情報
新製品・新事業の情報
人事情報
経営に大きく関わる情報

共有したい情報

例

ケアレスミス
取引相手の情報
顧客情報
同業他社の情報

管理職になると、ヒラのときより集まってくる情報が格段に増える。会社の経営方針に関わることや大きなプロジェクトのこと、人事に関係する情報など、量も質も違う。

こうした情報のなかから、極秘のものはともかく、どの情報をどこまで部

メールで伝える

緊急でないものはメールでもよい。重要な事項のとき、確認としても使える。ちょっとしたお礼や感謝の気持ちを伝えたいときにも便利。違う人に送信してしまうなどのミスに注意する。

ありがとうございますでもまだ内緒にしておいてください

メモで伝える

メールや文書よりも気軽な手段。部下の机に貼ってねぎらいや励ましの言葉をかけるのに適している。直筆なので、ちょっとした言葉でも相手に通じやすい。

伝言する

間違いが生じやすいので、重要な情報でこれをやってはいけない。また、人づてに聞くので、いわれた本人にマイナスになることはやめる。叱責や悪口の伝言は最悪。

電話で伝える

緊急の用事の場合、電話はすぐに伝えられる。また、ほかの話のついでに伝えるときにも便利だが、伝えた証拠が残らないので注意が必要。

下たちに明かし、共有するかはリーダーの判断に委ねられる。そして、その判断が部下の仕事ぶりにも影響する。

一般に、社内における情報は、仕事に関する共有すべき情報と、人事やプライベートに関係する秘密にしておくべき情報に分けられる。

大事なのは、情報をどんなふうに共有するかだ。会議で通達したほうがいいのか、回覧板やメールを回すだけでいいのか、上司が判断する。また、目標達成や成果を上げるためには、チームがなすべきことを上司が付け加えて強調し、部下のモチベーションを上げる配慮も必要だ。

外回り中心の営業の場合、互いの状況を話し合いやすいように机は大きな丸テーブルひとつにするなど、仕事に応じて適した情報管理法を工夫したい。

コミュニケーション術1

日々のさりげない会話が部下の仕事を支える

毎日コミュニケーションをとる

AM8:40

朝一番で

あいさつをしたら、今日の予定を聴きながら、部下の顔色を見よう。元気がないようなら、あとで話を聴いてみるなど、フォローする。

AM10:10

打ち合わせ、営業の前後に

打ち合わせの相手や取引先とどんな話をするのか、事前に聴いておく。その結果もかならず報告を受ける。仕事が順調なときでも欠かさない。

いい報告よりも悪い報告こそ先に聴くようにしよう。

いったいわないとか、どうして教えてくれなかったんだとか、職場で起こるささいな衝突の原因は、コミュニケーション不足に端を発していることが多い。上司と部下の間にかぎらず、部下同士でもこういうことはよくある話だ。当たり前のことではあるが、チーム内のコミュニケーションは非常に大事だ。

ささいなことが大問題に発展しかねないし、チームの雰囲気が悪くなると、仕事にも支障をきたす。

これを改善するには、管理職自らが手本となって、率先して部下に声をかけ、話を聴くことだ。近くにいる部下も一緒に巻き込んで、コミュニケーションをとる機会を意識してもとう。このとき、相手の表情や態度にも目を配るようにすることを忘れずに。

そういえば恋の病だとかいってたよな
最近仕事に集中できなくて…

相手に時間があるか聞くのを忘れずに!

PM0:40

昼食を食べながら

時間がないときは、ランチの時間を報告や相談の時間にあてる。もちろん、ただの雑談でもかまわない。つねに話を聴く上司であることを部下に意識させる。

PM3:30

相手から話しかけられたら

相談や報告はかならず聴く。どうしても忙しくて時間がとれないときは、ちょっと時間をずらしてくれるように部下に提案する。

PM4:50

面接をしてみる

自分から話したいことや聞きたいことがあるときは、ストレートに「ちょっと話そう」と。ただし、部下が萎縮しないように、気軽な雰囲気を心がける。

コミュニケーション術2

情報の質と回数を高めて きちんと相手に伝える

全身を使って相手に情報を伝える

くよくよするな
元気出せよ！

言葉で伝える
思っているだけでなく、言葉にして伝える。誤解がないよう丁寧に言葉を補い、声の大きさやトーンにも注意して話をする。

言葉以外で伝える
言葉と同様に、表情やしぐさ、行動で自分の気持ちを相手に伝えることも大切だ。飲みに連れ出し、グチを聴くのも大事なコミュニケーション。

ここで問題。「今日、道で鈴木さんと山田さんの奥さんに会いました」という場合、一体、どこでだれと会ったのか、わかるだろうか。

左ページのように、答えは聞き手によって異なる。情報は受け手が決めるからだ。情報の質が低いと、伝えたいことが正しく伝わらない。左のケースでは「今日、道で鈴木さんに会ったあとに、山田さんの奥さんに会った」とすれば情報の質が高まる。

情報を正しく伝えるために、5W2Hを意識して会話したい。

さらに、情報の回数を増やすことも効果的だ。待ち合わせの日時など大事なことは復唱させるといい。

管理職はこのことをつねに念頭に置き、注意深く何度も質問し、丁寧に聴くことが肝心だ。

質が低いと正しく伝わらない

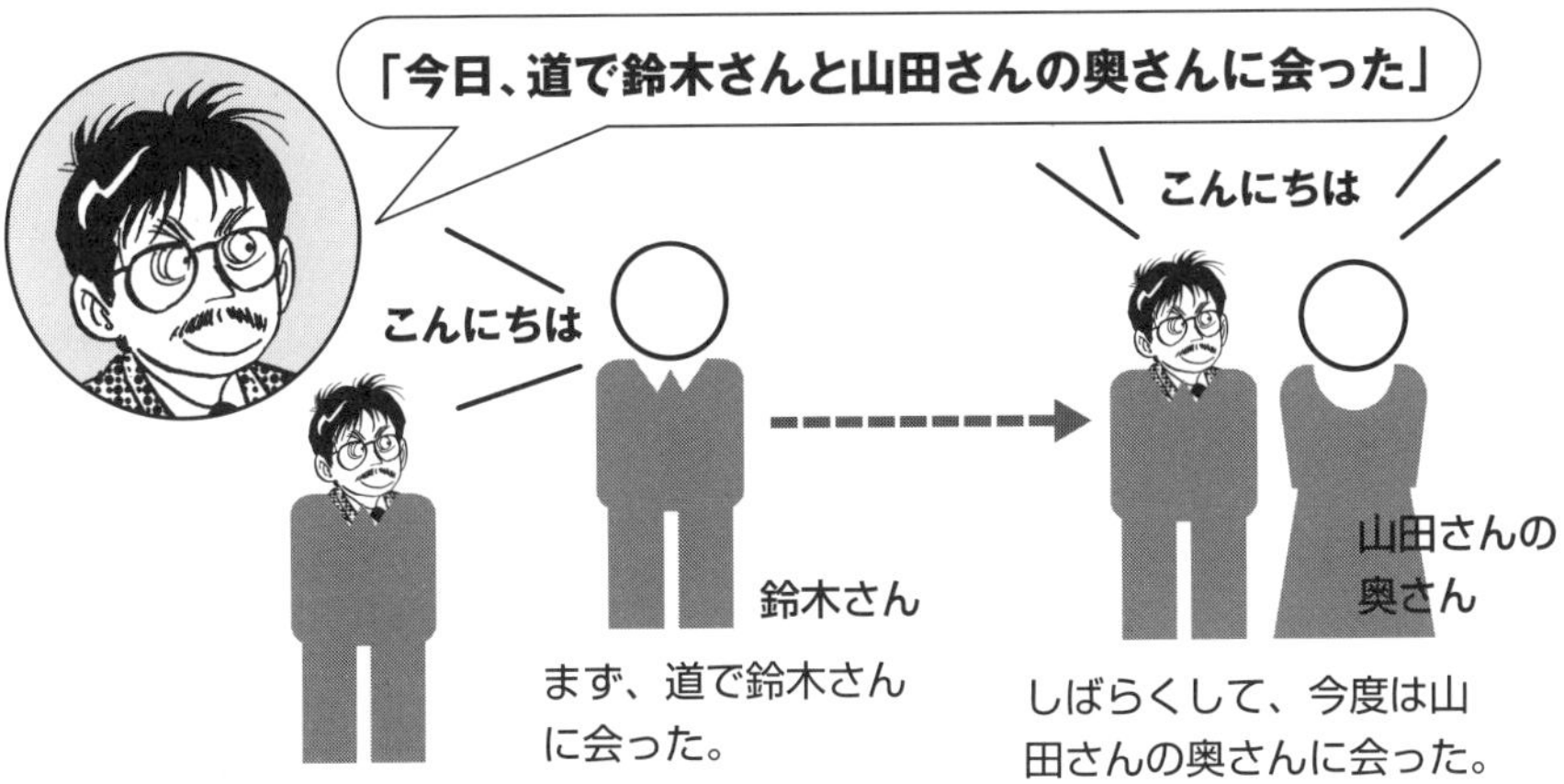
「今日、道で鈴木さんと山田さんの奥さんに会った」
こんにちは
鈴木さん
まず、道で鈴木さんに会った。
こんにちは
山田さんの奥さん
しばらくして、今度は山田さんの奥さんに会った。

話を聞いたAさんの解釈

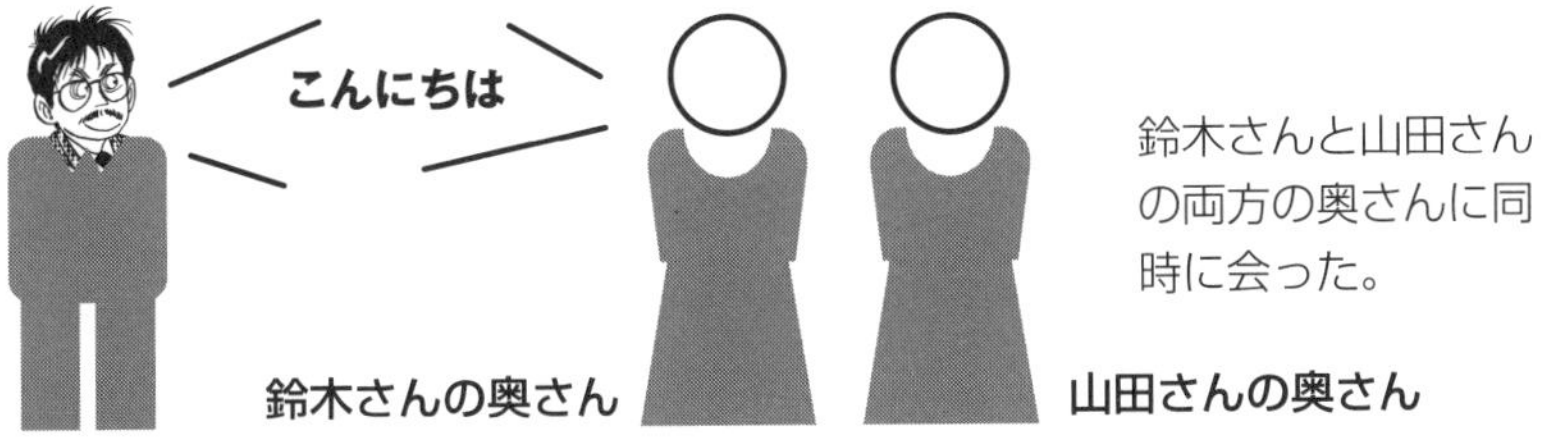
こんにちは
鈴木さんの奥さん
山田さんの奥さん
鈴木さんと山田さんの両方の奥さんに同時に会った。

話を聞いたBさんの解釈

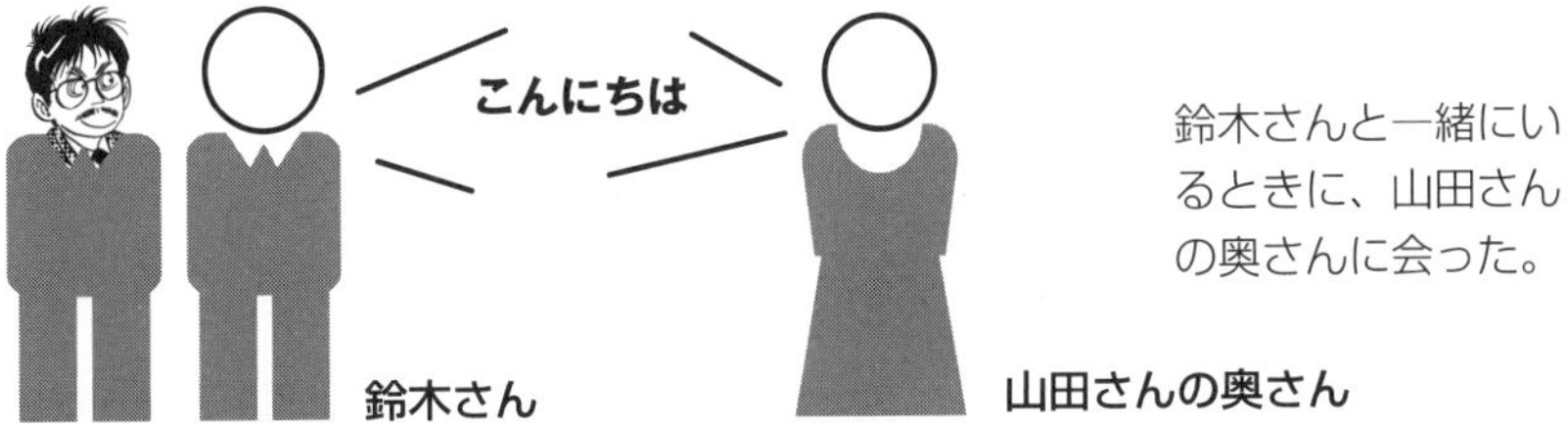
こんにちは
鈴木さん
山田さんの奥さん
鈴木さんと一緒にいるときに、山田さんの奥さんに会った。

話を聞いたCさんの解釈

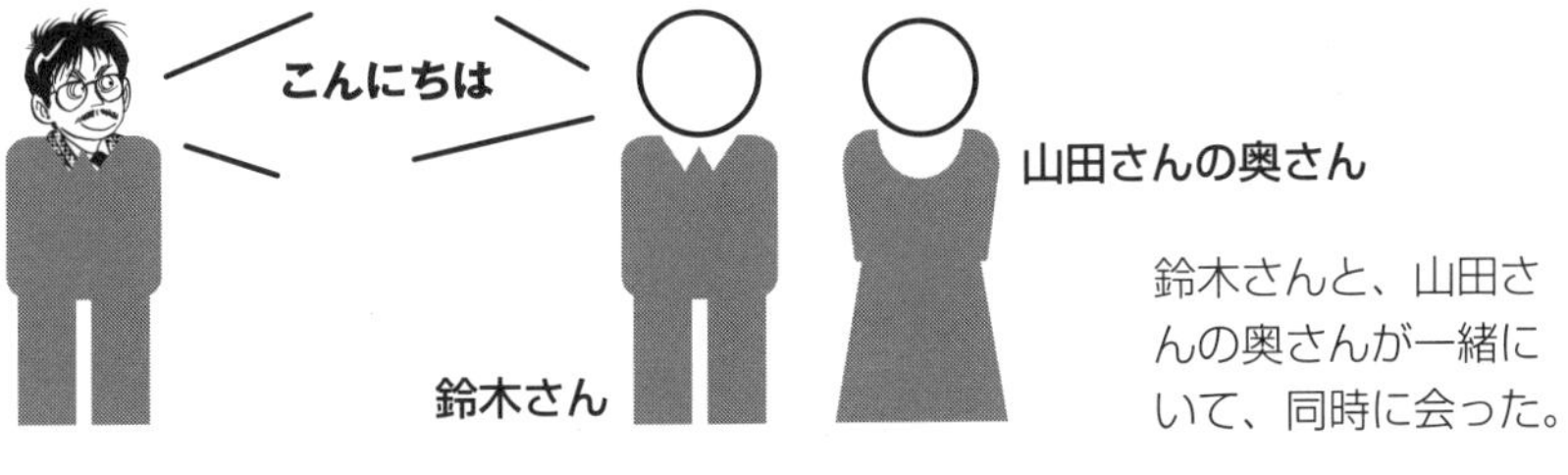
こんにちは
山田さんの奥さん
鈴木さん
鈴木さんと、山田さんの奥さんが一緒にいて、同時に会った。

会社が楽しくなる職場づくり1

リーダーのあいさつが明るい雰囲気を生み出す

リーダーが率先して盛り上げる

言葉がけ
あいさつは自分から。顔を見ながらこまめに声をかけたい。

笑顔
部下はリーダーの顔色をうかがっているもの。眉間のしわに注意。

メリハリ
職場を引き締めるときは引き締め、息を抜くときはとことん抜く。

ミーティング
職場の空気を読みつつ、定期的に全員と話す機会をもちたい。

職場の雰囲気が悪いと、全員の士気に関わる。上司があいさつを返してくれない、そんな理由で辞めていく者も意外に多いのだ。

管理職としては、部下たちが気持ちよく働ける職場環境を整えるのも大事な仕事だ。部下は勝手気ままに振る舞えないのだから、リーダーが先頭に立って、チームカラーをつくっていくことが必要だ。

それぞれ自分の理想的な職場環境があるだろう。そうなるように、自ら動く。朝のあいさつや、外回りから帰ってきた部下に対するねぎらいなど、上司が積極的に声をかけるだけで雰囲気はぐっとよくなる。

部下がやる気がない、だらけている、暗いというときは、職場環境を見直すタイミングだと心得よう。

よくない雰囲気、見て見ぬフリは許されない

スタート
悪い雰囲気の原因がわかっている

いいえ →

ミーティングで原因をさぐる
なにが原因で職場の雰囲気が悪いのかわからないときは、ストレートに部下に聞いてみる。自分に原因があるのか、部下同士の問題なのかを把握し、対策を講じる。

はい →

面倒だから気づかないフリをしている

いいえ →

レベル1
話を聴く
コミュニケーションを増やす
部下の話をただ聴くだけでも、不安や不満が解消され、ムードがよくなることがある。上司自らが、部下の潤滑剤となって動く姿勢を見せることが大事。

レベル2
面接をする
部下同士のいざこざや上司である自分との衝突が原因のときは、しっかりと時間をとって面接をする。納得がいく解決法が見つかるまで粘り、投げ出さない。

レベル3
人事異動も考える
面接を重ねても溝が埋まらないときは、全体のことを考え、チーム編成の変更や人事異動を視野に入れることも必要。ただし、部下が見捨てられたと思わないように配慮する。

はい →

失格!
職場の雰囲気が悪いことを知りながら放置するのは、仕事を放置するのと同じ。管理職として失格である。そのままにすると、仕事に大きく影響し、取り返しのつかないことにもなりかねない。

あえて口を挟まない
ちょっとしたいさかいなど、場合によっては下手に上司がトラブルに介入しないほうがいいこともある。

会社が楽しくなる職場づくり2

人は会社の大事な財産。若手を簡単に辞めさせない

辞めようとする部下と話をする

Case 1
「自分の個性に合った仕事をしたい」
人と同じことをしたくない、だれでもできることをなぜ自分がやるのか理解できないという場合に多い発言。そんなときは、個性とはどんな仕事でも発揮できるものだと教える。君の個性について話してくれというのもよい。

Case 2
「上司や会社が認めてくれない」
仕事をするということは結果を出すこと。それで給料をもらっていることを自覚させる。しかし、上司が適切な評価をしていないこともある。よく話し合ってみることが必要。

Case 3
「このまま働くのはいや」
働く理由が希薄な場合に多い。本人が希望する仕事や、責任のある仕事を任せてみるのもひとつの方法。ただし、本当に働くことがいやな者もいる。この場合は引き止めない。

ようやく入った会社をいとも簡単に辞めていく若者が増えている。辞める理由として多いのが、「もっとやりがいがあることがしたい」「自分の個性に合わない」というものだ。しかし、それはどんな仕事だと問うと、わからないという。

若者というのは、不条理に対する耐性が弱い。仕事では、悪くもないのに頭を下げたり、いいたいこともがまんしなければならないことも多い。社会に出てある程度たった者にとっては当然のことだ。こうした不条理は今も昔も変わらず、つねにあるとわかっている。

しかし、若者には理解できない。だからといって、簡単に辞められては困る。戦力減は痛い。管理能力も疑われる。リーダーとしてできることは、部

前向きに働けるためのポイント

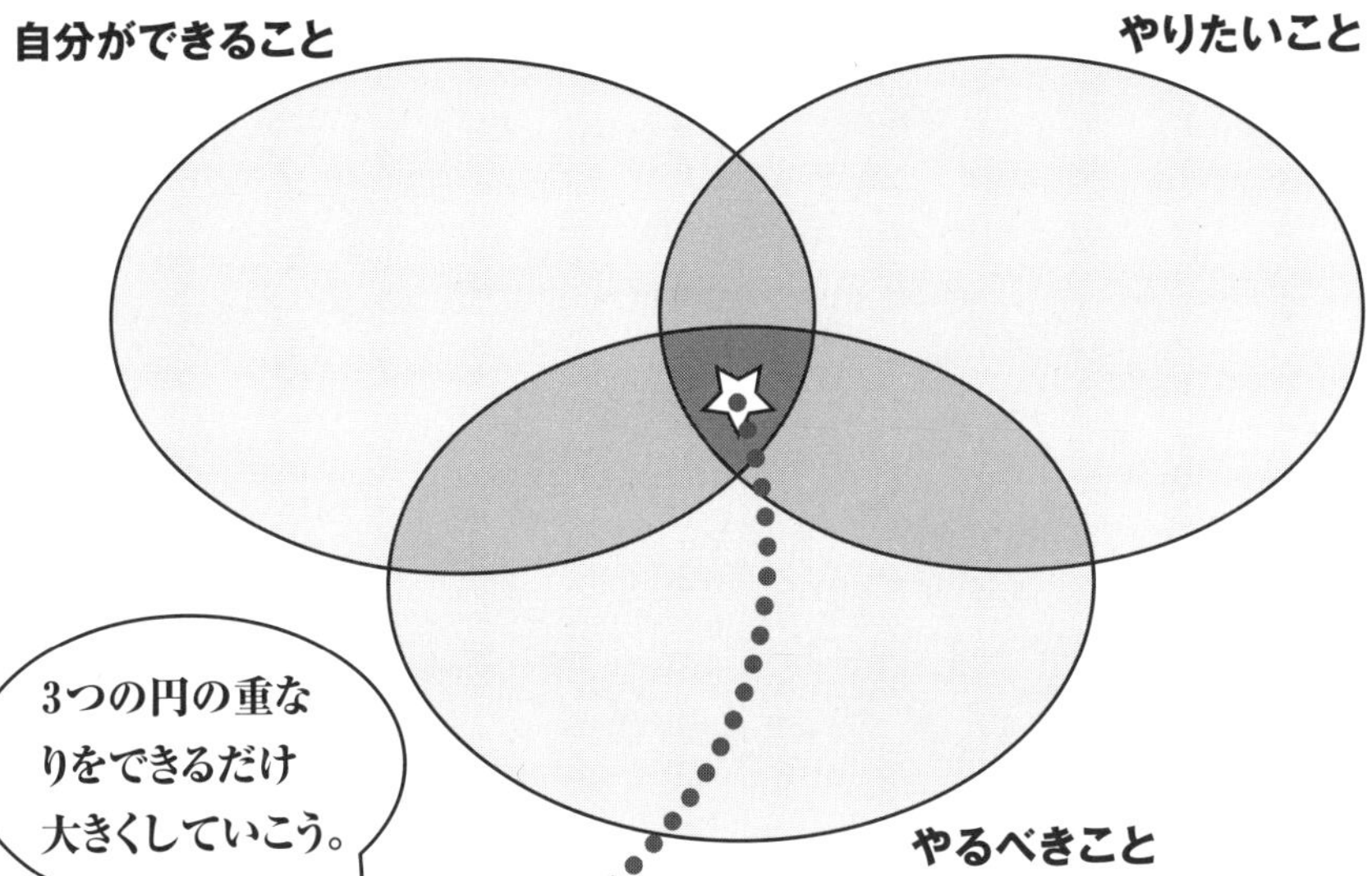
自分ができること
やりたいこと
やるべきこと

3つの円の重なりをできるだけ大きくしていこう。

今の仕事がやりたいことで、かつうまくできているなら、こんなに幸せなことはない。実際は、やりたくない仕事や、うまくできない仕事がたくさんある。

下に自分ができること、やりたいこと、やるべきことの接点を見つけさせることだ。だれだって、不条理のなかで仕事をしていると教えるしかない。

しかし、例外もある。どうしても適性がないと判断されるときは、引き止めるのはお互いにとってマイナスだ。

column

独立予定の社員がいたら……

今の仕事は独立するための修業と人脈づくりと割り切っている部下がいることがある。上司として精一杯応援しよう。将来のためにも今の仕事に真摯に取り組むようアドバイスしたい。

はっきりした目標をもつ部下はモチベーションが高い。ほかの部下の刺激にもなる。また、一緒に仕事を楽しむことで会社にとどまり、より高いパフォーマンスを発揮することになるかも。

人員不足への準備

ふだんからバックアップ体制をとっておく

理由はいろいろある

病気

病気による短期、長期の離脱はよくあること。復職しても前のように働けないこともある。その場合は仕事の内容を変更することが必要。まずは、休む部下に「ゆっくり休め」といえる、余裕のある上司でありたい。

出産・育児

最近では男性でも育児休暇を利用することがある。快く許可したい。女性の部下からの、出産、育児後の、復帰の希望に対して相談にのることも大切。

転職・退職

急に言い出されると困る。かならず前もって相談なり報告をするように教育しておく。もし、急に申し出があったら、大きなプロジェクトを抱えていたり、優秀な人材であるなど、よほどの事情がないかぎり、引き止めない。

今の時代、どの会社でも人件費削減のために少ない人員で仕事をこなしている。管理職には最少のメンバーで、高いパフォーマンスを見せることが求められる。

ギリギリの状況下で、部下に突然抜けられるのは痛い。しかし、退職したり、病気による休職といったことはどんな職場でも起こり得る。すぐに人員を補充してもらえるともかぎらない。

いざというときにあわてないためには、ふだんから対策を講じておくことが肝心だ。派遣社員やアルバイトを頼むか、自分や残りの部下たちで抜けた穴をカバーしなくてはならないのか、さまざまなケースを考えておきたい。

そうしないと、仕事に支障をきたすだけでなく、無理を強いられる部下たちから不平不満を浴びることになる。

こんな対策がある

ふだんから気をつけたい

1.有給休暇を消化させ、健康管理をさせる

過労やストレスによる病気も多い。ときには上司からアドバイスして、部下に休みをとらせることも大事。自分で健康管理ができるように指導するのも上司の務め。

2.1人にしかわからない仕事をなくす

その人がいなくなったら、ほかのだれもわからないという体制を初めからつくらない。かならず2人以上に関わらせておき、いつでもバックアップできるように仕事を配分しておく。

3.仕事の効率を上げる

仕事のマニュアルをつくっておいたり、簡略化してだれでも対応できるようにしておく。また、定期的に業務を見直し、無駄な仕事を減らして効率アップを図っておく。

いざというときの対応

1.残った人員で仕事を分担

自分も含め、部下たちに負担を強いることになる。期間を区切るなどして、長期化しないようにする。また、一部の部下にだけ仕事が集中しないように配慮する。

2.人員補強を考える

残った人員で仕事を分担しつつ、単純作業や雑用は派遣社員やアルバイトで補う。

column

働ける方法を部下と一緒に考える

退職や休職を申し出られたとき、手放すのが惜しい人材なら、上司が今後の働き方を考えてあげるのも必要だ。

社員として働くのが無理なら、アルバイトやパート、契約社員として復帰してもらえるようにしたり、在宅ワークや出来高制など、新しい雇用形態を上層部に提案してみよう。

会議を変えるコツ

会社、部下、自分のために無駄な会議はやめる

目的をもって会議を行う

報告会
途中経過や結果を報告するのだけが目的なら、朝礼や報告書、メール、回覧でもできることがある。会議を行う必要があるかどうか、見直したほうがよい。

意見交換
多人数の意見が必要な場合に会議は適している。全員が発言できるように、部下に仕切らせるなどの工夫が必要。上司は、部下が発言しやすい雰囲気をつくる。

問題解決
解決策は多人数で検討したほうがよい。ただし、かならず結論を出すことが肝心。再検討、結論の持ち越しは避ける。

たいていの部下たちにとって、会議というのはイヤなもの。長い時間拘束された揚げ句、おうおうにして結論が出ないからだ。おまけに睡魔と戦ったり、発言しなければとプレッシャーを感じる者もいる。また、会議とは名ばかりで上司のお説教と独演会のこともある。

本来、会議とは、上司と部下が顔をそろえ、報告をしあったり、議題について意見を交換し、結論を出すのが目的である。ところが、無駄に時間が長いだけで、結論も持ち越しとなると、会議をやる意味がない。

管理職は、まず、その会議が本当に必要かどうかを考え、行う場合はかならず結論を出すべきだ。そうしないと、会議＝時間の無駄遣いという図式はなくならない。

こんな会議ならしないほうがいい

✕ 発言する人がいつも同じ

発言者が偏らないように、上司が議長に指示をすることも必要。ときに、上司ひとりが発言していることもある。自分の態度を省みよう。

✕ 目的がはっきりしない

目的がはっきりしていないようなときには行わない。もし、目的があいまいなときは、上司がアドバイスして、テーマをはっきりさせてから会議に入る。

一人舞台
え〜
というわけで
先月から売上は
停滞している
この原因は…
他人事
居眠り

✕ 意見が出ない

会議前に全員が発言するように取り決める。他人事という意識があると発言が出ない。上司が最初に自分たちのことを決める会議であることを告げ、参加意識を高める。

✕ だらだら持ち越してばかり

時間制限を設けて、かならず結論を出すようにする。だらけないように、参加者が立ったままで短時間集中して会議をするなど、工夫してみる。

会議を活発にするテクニック

1人で考えるより大人数で考えたほうが、アイデアがたくさん生まれる。

たくさんの意見を引き出す

ブレーンストーミング

5～10人程度のメンバーで、一定の時間を決めて行う会議のこと。自由で気さくな雰囲気をつくり、全員がかならず発言するようにする。ひとつでも多くの案を出すことを目的とし、出た案はすべて書き出す。批判や批評は、一切しない。

↓ ステップアップ

意見・提案の質を上げる

ミーニング・ブレーンストーミング

ブレーンストーミングで集まったアイデアを吟味するための会議。量より質を高めるために話し合う。この場合は、よりよいアイデアを練り上げるために批判も批評も行う。

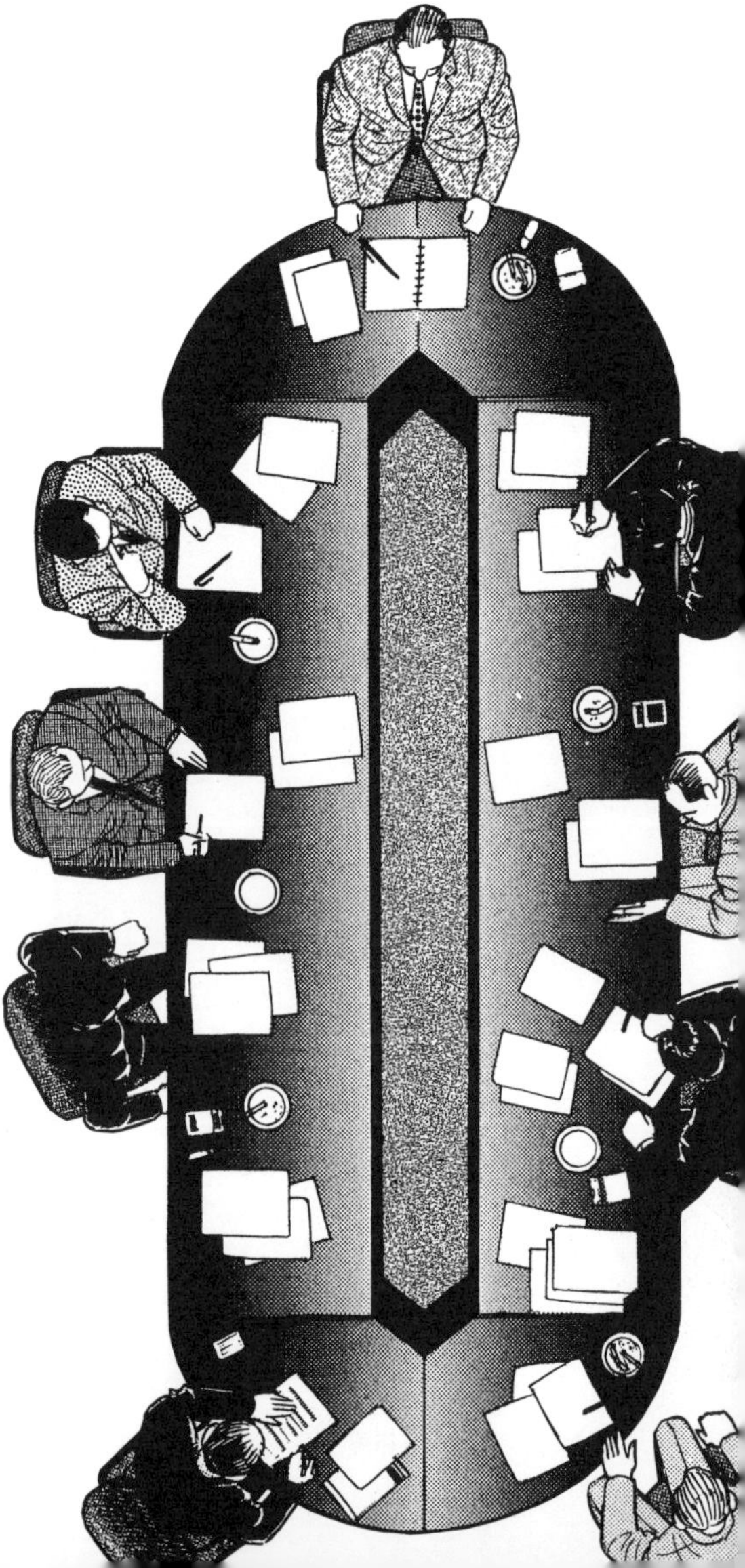

みんなの意見を分析する

KJ法

文化人類学者の川喜田二郎（KJ）氏が考案した発想法。会議の内容がわかりやすくなり、プランニング以外にも、現状分析、トラブルや問題の解決策を考えるときに有効。

ブレーンストーミングやミーニング・ブレーンストーミングで集まったアイデアや情報を１件ずつカードに記入し、内容ごとに分けてグループ編成をする。
そのカードの配置で全体像を把握することができる。カードを並べて関係性を図解化したり、文章化することによって内容を練り上げていく。

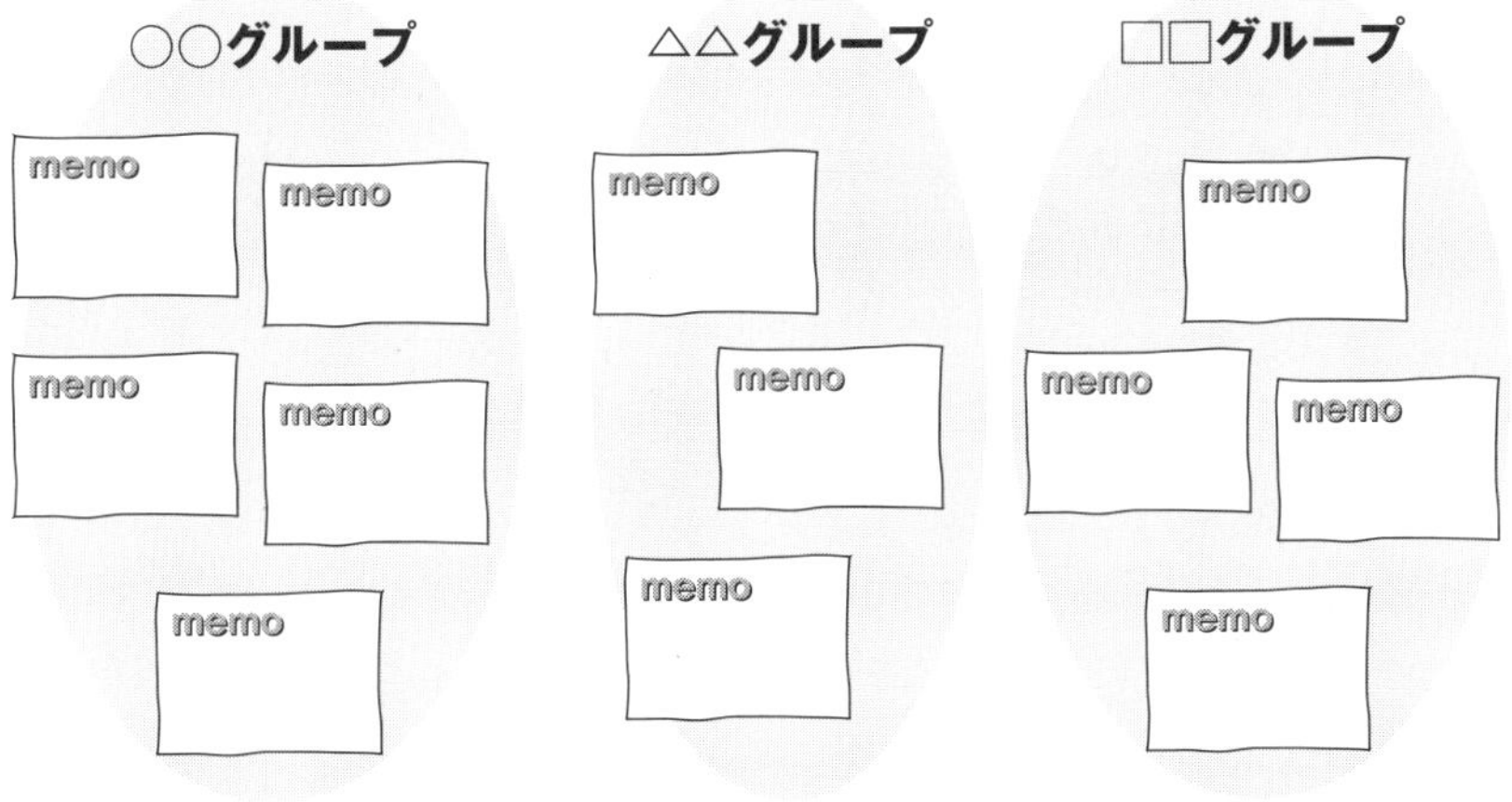
○○グループ
memo
memo
memo
memo
memo
△△グループ
memo
memo
memo
□□グループ
memo
memo
memo
memo

全員の意見が出そろいましたね このなかで一番よいと思うネーミングに投票してください

Check

あなたのデジタルマナーは?

メールは相手の顔が見えないために、行き違いやトラブルが起こりやすい。そのことを念頭に置き、やり取りすることが大切。下のリストで自分と部下のデジタルマナーを見直してみよう。

チェックリスト　下の項目で当てはまるものをチェックする。

Eメール

□ 大事なメールはもれなく返信する
□ 可能なかぎり早く返信する
□ 日付、送信者、情報の出所を明確にする
□ 改行を入れて読みやすく工夫する
□ 文章は短く
□ 丁寧な文章を心がける
□ 強調したい部分を括弧やアンダーラインで目立たせる
□ ボリュームが多いときは（1）（2）…などと整理する
□ 文体を統一する
□ 相手に記録が残ることを意識する
□ 送信する前にかならず見直し、送信先を確認する
□ バックアップを定期的にとる
□ 原則として、目の届く範囲にいる人には口頭で伝える
□ 私用のメールは送らない

携帯電話

□ 相手に「今お時間よろしいでしょうか?」と確認する
□ 会議や打ち合わせ中はマナーモードにする
□ 会議や打ち合わせ中は緊急連絡を除いて電話に出ない
□ 人と離れたところで話す
□ 呼び出し音は常識のあるものにする
□ 飛行機や病院などでは電源を切る
□ 電車やバスでは通話を避ける
□ 車の運転中は絶対通話しない
□ 公共の場では大声で話さない

これらの基本マナーには、すべてチェックがつくことが望ましい。メールの管理やバックアップは、情報管理のためにも重要。また、個人情報の宝庫である携帯電話は、紛失に注意し、もしものためにロックをかけておくといい。デジタルマナーを磨くためにも、職場で話し合ってほしい。

（作成　中村俊之）

Part 4

人事労務に関する知識を身につける

―法律知識―

人事評価1 適切な評価は部下と会社の成長をうながす

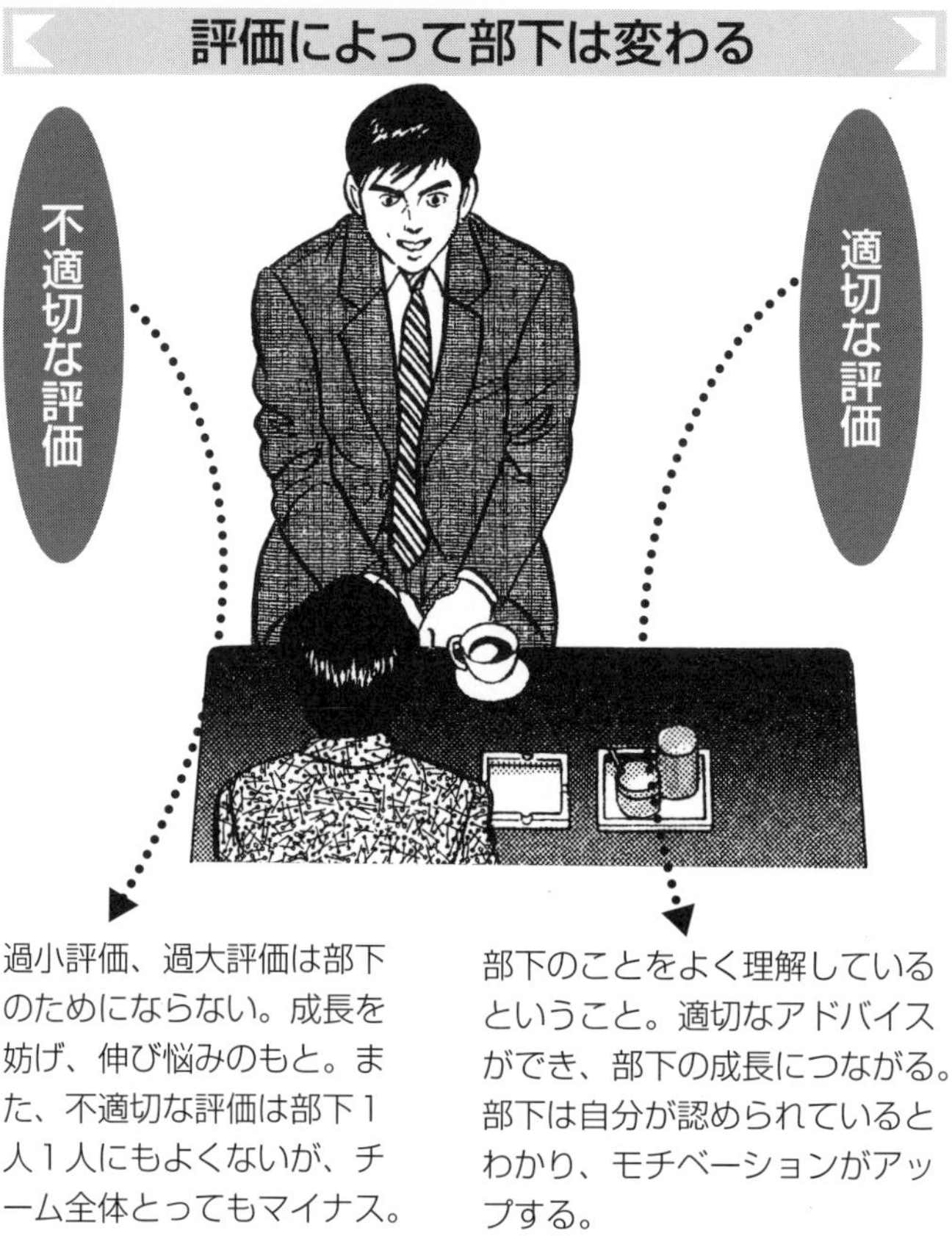
評価によって部下は変わる
不適切な評価
適切な評価
過小評価、過大評価は部下のためにならない。成長を妨げ、伸び悩みのもと。また、不適切な評価は部下1人1人にもよくないが、チーム全体とってもマイナス。
部下のことをよく理解しているということ。適切なアドバイスができ、部下の成長につながる。部下は自分が認められているとわかり、モチベーションがアップする。

部下が働いて出した成果を評価することは、管理職の重要な仕事。その評価の仕方によっては、管理職としての質が問われる。

評価を下すのは、給与やボーナスなどの報酬を査定したり、昇進、降格といった人事考課のためだけではない。もちろん、これらは重要だが、評価にはもっと大きな意味がある。

仕事は、原則として結果が優先される。

しかし、管理職として毎日部下と接していれば、成果だけなく、性格や資質、ふだんの仕事への取り組みなど、部下のいろいろな面がわかる。

そこにも目を向け、適切に評価することが大切だ。

それが部下の成長を促し、会社のために役立つからだ。

適切な評価は会社にプラス

会社の体力がつく

評価をもとに、部下１人１人が向上心をもって仕事に取り組めば、大きな戦力となる。会社の体力が強くなり、成長する会社であり続けることができる。

体質がよくなる

評価が適切であることは、部下の能力や仕事への取り組みなどをよく把握しているということになる。人事を適材適所に配することができ、会社の質を高めることになる。

column

あなたなりの評価を仕事を通じて与える

部下に対する評価は、会社の定めた時期にだけ行うものではない。

部下を育てるという目的を考えると、週ごと、月ごと、あるいは仕事の区切りがついたときなど、きめ細やかに行うべきだろう。

こまめに評価し、それを日常の業務にフィードバックさせることだ。いいところ、悪いところを具体的に取り上げ、さらに頑張ってほしい点や改めてほしい点を伝える。ふだんから上司がしっかり見ているとわかれば、部下はもっと頑張る。

また、部下本人に自己評価をさせることもおすすめだ。自分を客観的に見るいい機会になるし、上司が知らなかった部下の一面がわかることもある。

こうした日々の努力が、個人の能力だけでなく、チーム全体の能力アップにもつながる。

人事評価2

評価するときは成果とプロセスを混同しない

評価する対象を明らかにする

ふつうは、会社規定の評価項目があるので、その内容を把握する。部下の実績や行動を事実として積み重ねることが大切。

やる気、努力
仕事に対する取り組み、モチベーションの高さなどの情意評価や努力評価のこと。成果に直結していなくても、評価すべきところは正確に評価する。

能力
顕在化された能力を中心に評価する。技術や資格など、明確な基準があるものはそれに準じる。

プロセス
成果に結びつく行動をしているか、その能力を身につけているかを評価する。成果に直結していなくても、成長が見られるなら評価する。

成果
最終的な業績として、現れたものだけを評価する。プロセスややる気などを混同してはいけない。成果は成果として、冷静に判断する。

部下を評価するときは、成果とプロセスを切り離して行うことが第一である。これを混同すると、正確な評価にならない。つまり、分析的に評価をするのだ。

上記のように、部下のなにを評価の対象とするのか、明確にしてから評価するべきだ。成果もプロセスも、おまけに性格までいっしょくたにした、丸ごと評価では意味がない。

たとえば、病院で検査を受けたとき、検査結果の詳細な説明もされず、「あなたは不健康だ」と医者にいわれても困るだろう。血圧がどの程度高いとか、中性脂肪が多いからお酒は控えるようにとか、どこが悪いのか具体的に評価してくれないと、手の打ちようがない。これと同じだ。

評価の方法には、絶対評価と相対評

評価方法の違い

絶対評価 ⟷ **相対評価**

絶対評価
評価基準や合格水準が明確になっているもので、それに達しているかどうかによって評価する。能力基準資格（職能）への昇格評価や会社の目標達成などの具体的な指標がある場合に用いることが多い。

相対評価
チーム内の複数人数のなかで、他者の能力と比較して、評価をする。絶対評価のように明確な基準がないときや、チーム内でのリーダー選出などを行うときに用いることが多い。

あいつ、人事評価面接が終わってから妙に明るいな
きっとよい評価をされたんですよ ついに昇進かも
あなたたちは？

価があるが、会社のルールに従って行うことが大事だ。
　分析的な評価を行うときは、「観察」と「冷静な判断」が不可欠。これが欠如すると、誤った評価をすることになる。陥りやすい人事考課エラーというものがある（次ページ参照）。ミス予防のために参考にするとよいだろう。

評価を人材育成に活用する
評価と報酬を結びつけるかどうかは、会社のシステムの問題。評価は、報酬のためだけでなく、むしろ人材育成や会社の体力づくりにおいて重要な意味をもっていることを覚えておこう。

人事評価3

自分が陥りやすい人事考課エラーをチェック

人事考課は「観察」と「判断」が重要だが、評価する側の心理的傾向によって考課エラーが起こる可能性がある。

交通事故が起こりやすい交差点を知っていれば、注意してその交差点に入るのと同様に、自分がやってしまいがちな考課エラーを自覚していれば、評価するときに気をつけることができる。

人事考課エラーチェックリスト

下の項目で、当てはまるものにチェックをつけて、その数を合計する（項目の後ろにあるA～Hは左ページの解説用）。

- □ 知識があると企画の出来もよいと思う……A
- □ とくに変化がなければ、前年の考課を参考にする……A
- □ やる気をなくさないよう、悪い考課はつけない……B
- □ 部下に嫌われたくないので、多少プラスにつける……B
- □ 部下について情報不足な場合、考課は真ん中にする……C
- □ 企画力のある部下は折衝力もあると思う……D
- □ 部下を、自分の同年齢のころと比較する……E
- □ 印象が強い期末の出来事を中心に考課する……F
- □ メリハリをつけるために少しよいと高評価をつける……G
- □ 考課の継続性を考え、前任者の考課は尊重する……H

合計	考課レベル	
0～2個	**OK**	合格ライン。今のところ考課エラーには陥っていない。
3～4個	**やや注意**	もう少し勉強が必要。チェックがついた考課エラーにとくに注意したい。
5個以上	**危険！**	考課エラーに陥っている。今すぐ人事考課についてきちんと学ぶ必要がある。

とくに注意したいエラーと対応策

右のリストでチェックがついた項目について、それぞれ（項目の後ろにあるA～Hに対応）の現象、要因、対応策を知って気をつけたい。

A 印象に引っぱられてしまう**ハロー効果**に注意

現象＆要因　ハロー効果とは太陽光や仏像の光背に目がくらまされること。過去の成功や極端に秀でた能力にひきずられて、ほかの能力も高いと思い込む。高学歴なども要因。

対応策　先入観やイメージを一旦すべて忘れる。ひとつの項目ごとに部下全員について考課する。

B 甘い評価をつけやすい**寛大化傾向**に注意

現象＆要因　部下に嫌われたくない、部下との強い親近感、私的な感情などがあると起こりやすい。逆の要因があると厳しすぎる評価になることも。

対応策　部下をよく観察したうえで、各考課項目の着眼点を理解して客観的に分析する。

C 情報不足やエセ平等主義から起こる**中心化傾向**に注意

現象＆要因　差をつけたくない、部下に対する情報不足、事なかれ主義などが要因で無難な評価しかできない。評価基準の無理解や評価能力の欠如が要因になることも。

対応策　分布制限（A評価を15%、B評価を60%など）をふまえて、一旦評価する。標準とはなにかを明確化する。

D 考課のしくみがわかっていない**論理誤差**に注意

現象＆要因　評価の基準を自分勝手に解釈して評価する。人事考課のしくみを正しく理解していないと起こりやすい。

対応策　考課項目がひとつずつ独立した要素であることを理解する。

E 自分を基準に考えがちな**対比誤差**に注意

現象＆要因　自分と似た思考、行動をする部下を評価し、逆の場合は過小評価する。自分の得意分野には辛口採点で、できないことには甘くなる。

対応策　自己流の評価をあらためる。部下への期待（基準）を明確にする。

F 最近のことばかりに目がいく**期末誤差**に注意

現象＆要因　査定期間を正しく把握していないと起こる。期末の出来事を中心に評価し、最近の成果がよければ過大評価に、悪ければ過小評価につながる。

対応策　日常的にメモをとるなど観察記録をつける。査定期間を通して等しく評価する。

G 評価基準への理解が不十分な**極端化傾向**に注意

現象＆要因　少しでもいいと「優」で、少し悪いと「不可」など極端に評価する。評価基準の理解不足や、誤解から起こりがち。

対応策　評価の基準とそのレベルを十分に理解する。

H 先入観で判断してしまう**イメージ誤差**に注意

現象＆要因　自分の判断ではなく、うわさ話や周囲の意見による先入観によって評価してしまう。

対応策　事実を事実として正確に把握したうえで評価する。

人事評価4

部下が納得しないと評価が成長につながらない

日頃のコミュニケーションがカギ

査定のとき以外にもこまめに評価を伝えて成長をうながすようにしておく。部下は自分のことをよく見て理解してくれていると感じる。

コミュニケーションがあるのに納得しない場合は話し合いを

1 相手の話をよく聴く

2 評価基準を理解させる

3 自己評価を再考させる

人はだれでも、自分が一番苦労し、貢献度が高いと考える。だれだって自分がかわいい。そのかわいい自分の評価が気になるのは当たり前だし、上司の評価となれば、なおさらだ。納得できるものでなければ、到底がまんできない。

部下が上司の評価を一〇〇%納得することはまずない、と心得ておこう。では、どうするか。

重要なのが、コミュニケーションである。評価に納得がいかない部下とは十分に話し合う。納得というより、なぜそのように評価したのか、説得するのだ。

そうすれば、一〇〇%納得とまではいかなくても、上司の考えを理解してくれるだろう。そして、次はもっと評価を高めるために頑張ってくれる。

部下と話し合うときのポイント

事前準備をきちんとする

なにかのついでではなく、部下の予定を聞いて話すための時間と場所をとっておく。相手に伝えるべきことをまとめ、メモや必要であれば資料類も準備する。

部下が話しやすい雰囲気をつくる

硬い表情でいきなり本題に入らないこと。「お疲れ様」などの言葉がけやリラックスした態度で相手の緊張を和らげたい（P48参照）。正面ではなく斜めの席に座るといい。

体調が悪そうだったけれど大丈夫か？

話をよく聴き評価の基準を説明する

部下の自己評価とその理由をすべて聴く（P40参照）。自分が知らなかった部下の一面がわかることもある。そのうえで評価の基準や意味を説明し、自己評価を自問自答させる。

最後の確認とフォローを忘れない

言い残したことがないか部下に確認して、話し合いの成果を確かめる。今後のアドバイスをするとともに、相手を認めていて応援していることも伝える。

知らなかったではすまない最低限の法律知識を学ぶ

就業規則は会社のルールブック

かならず記載されること

1
労働時間、休日・休暇
始業・就業時間、休憩時間、休日・休暇、交替制勤務の場合の交替時間など。

2
賃金
賃金の決め方、計算方法、支払いの方法や時期、昇給の条件など。

3
退職
定年退職、任意退職、解雇、契約期間の満了による退職など。

会社に制度があるなら記載されること

退職金
臨時の賃金、最低賃金額
安全衛生
職業訓練
災害補償や業務外の傷病扶助
など

記載するかどうかは会社の自由であること

就業規則の目的
社是、社訓、企業経営の理念
服務規律
など

労働者が十人以上いる会社は、会社と労働者が守るべきルールを記載した就業規則を作成している。その会社の賃金や労働時間などの労働条件、労働者が守るべき服務規律、それに違反したときの懲戒処分などについて記載されている。

部下を指揮・管理する管理職として、会社のルールをあらためて確認しておくことが必要だ。

また、労働者の権利を守るための労働基準法をはじめとする、労働に関する法律にも目を通しておきたい。

中間管理職は、労働者として労働基準法に保護される側であり、同時に部下を使う立場として労働基準法を守る義務もあるからだ。ちなみに就業規則が労働基準法の定めた最低条件に達していない場合、その部分は無効になる。

目を通しておきたい主な労働法

数ある労働法の中心となる法律
労働基準法

基本的な労働条件の最低基準を定めたもの。たとえば、労働契約、賃金、労働時間、休憩、休日および年次有給休暇、安全および衛生、18歳未満の年少者や女性、災害補償、就業規則などについて、諸条件を規定している。最初に目を通しておくべき法律だ。

他人事ではなく身近な問題
育児・介護休業法

職業生活と家庭生活の両立を支援するために、育児や介護を行う男女の労働者に対して、会社がとるべき義務を定めたもの。国を挙げて少子化対策に取り組んでいる現在、管理職として知っておきたい法律だ。

これからとくに注目!
高齢者雇用安定法

65歳までの継続雇用などの雇用確保措置の義務を定めたもの。少子高齢化が進むほど、高齢者の労働力は大事な戦力になる。定年後の再雇用を行う会社も増えている。定年年齢の引き上げなど、法改正を見逃さないように注意が必要。

労働安全衛生法

職場における労働者の安全と衛生を確保するための会社の義務など、職場づくりの内容を定めたもの。

労災保険法

業務上および通勤途上における傷病、障害、死亡時の給付などを定めたもの。

雇用保険法

労働者が失業した場合の所得保障を中心に安定した雇用確保のための施策を定めたもの。

男女雇用機会均等法

募集、採用、配置、昇進、教育訓練等における男女差別禁止等を定めたもの。

長さより質を重視して効率よく成果を上げる

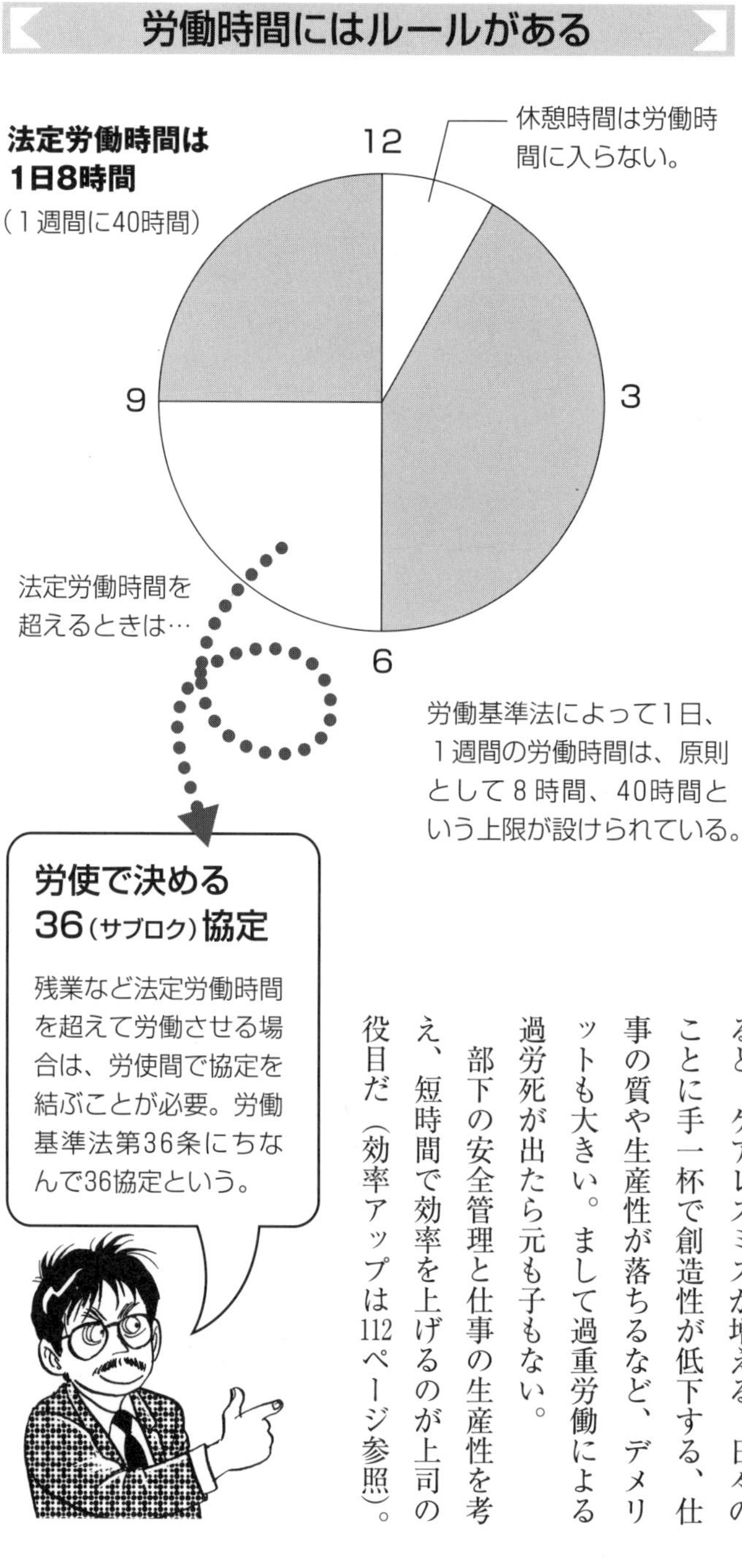
労働時間にはルールがある
法定労働時間は
1日8時間
（1週間に40時間）
12
3
6
9
休憩時間は労働時間に入らない。
法定労働時間を超えるときは…
労働基準法によって1日、1週間の労働時間は、原則として8時間、40時間という上限が設けられている。
労使で決める
36（サブロク）協定
残業など法定労働時間を超えて労働させる場合は、労使間で協定を結ぶことが必要。労働基準法第36条にちなんで36協定という。

長時間働けば、より多くのいい仕事がつねにできるというのは、勘違いだ。

労働時間が長いほど疲れやすくストレスがたまる。睡眠不足にもなる。すると、ケアレスミスが増える、日々のことに手一杯で創造性が低下する、仕事の質や生産性が落ちるなど、デメリットも大きい。まして過重労働による過労死が出たら元も子もない。

部下の安全管理と仕事の生産性を考え、短時間で効率を上げるのが上司の役目だ（効率アップは112ページ参照）。

労働時間について気になるQ&A

Q　仕方なく行く社員旅行は、もちろん労働時間だ

A　No
一般的には強制されないので、労働時間に含まれない。

Q　忙しいときは、休憩をとらせなくてもいい

A　No
原則として、労働時間が6時間を超えると45分、8時間を超えると1時間以上の休憩が必要。

Q　仕事を家に持ち帰り、深夜まで働いた場合に残業代は出る

A　No
在宅勤務制度があれば別だが、原則、労働時間とはみなされない。

Q　36協定を結べば、好きなだけ時間外労働させてもいい

A　No
労働基準法上の制限はないが、厚生労働大臣が時間外労働の限度時間の基準を定めている。

9時〜5時だけじゃない。働き方はいろいろ

忙しい時期に合わせて労働時間を伸縮できる

変形労働時間制
季節や月、曜日など時期によって業務の繁閑に波がある場合、それに応じて労働時間を調整できる。

労働者が自分の裁量で働く時間を管理する

裁量労働制
研究開発や取材･編集など専門的な業務を対象に認められる（専門業務型）。ほかに企画業務型というのがある。

フレキシブルタイム
自分のペースで自由に出社、退社できる時間

コアタイム
かならず働かなくてはならない時間帯

始業と終業の時間を労働者が調整できる

フレックスタイム制
会社が定めた一定期間の総労働時間の範囲内で、労働者が労働時間を決める。コアタイムと組み合わせることが多い。

例

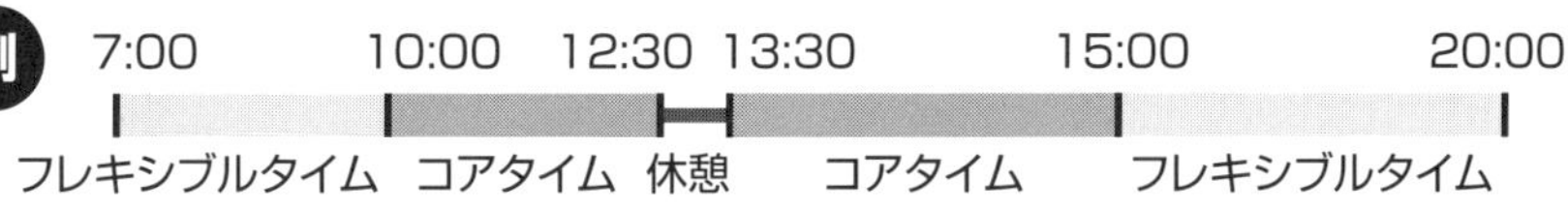
7:00
10:00
12:30
13:30
15:00
20:00
フレキシブルタイム
コアタイム
休憩
コアタイム
フレキシブルタイム

休日・休暇

いい休み方はいい働き方につながる

休日と休暇は似て非なるもの

休暇

働く義務を免除される日

休日

働く義務のない日

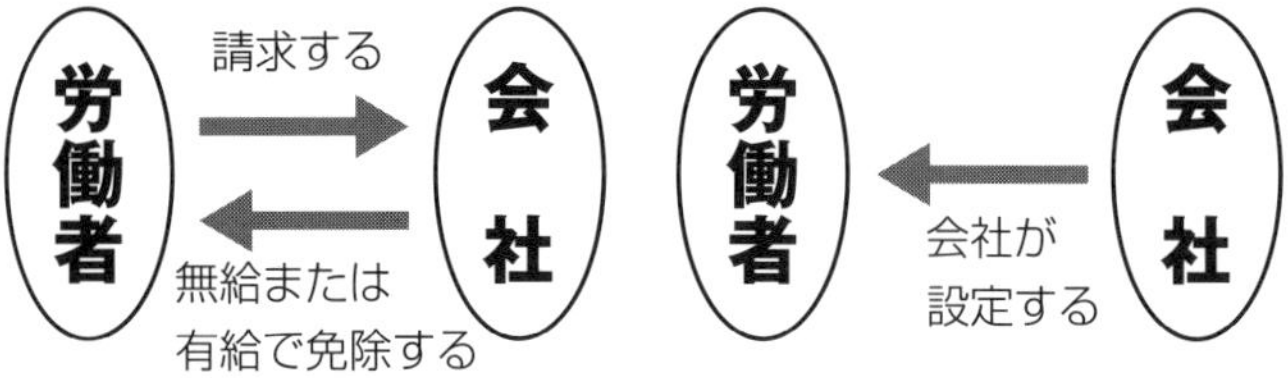

労働者
請求する
無給または有給で免除する
会社
労働者
会社が設定する
会社

労働者が請求することで本来働くべき日を休みにする。年次有給休暇や左に挙げた休暇は法律で定められている。会社によって慶弔休暇や病気休暇などもある。

もともと労働義務がない。毎週少なくとも1回（4週間で4日以上でもよい）とることができる。休日に出勤した場合は、割増賃金の対象になる。

年次有給休暇　6ヵ月以上継続して勤務し、所定労働日の8割以上出勤していれば、勤続年数に応じた休暇を取得できる。

勤続年数	6ヵ月	1年6ヵ月	2年6ヵ月	3年6ヵ月	4年6ヵ月	5年6ヵ月	6年6ヵ月以上
休暇日数	10日	11日	12日	14日	16日	18日	20日

休みをとらずに連続して長時間働くよりも、間に休憩をはさんだほうが、同じ仕事時間でも疲れがたまりにくい。休養が足りないと、判断力の低下や情緒不安定などが起こりやすい。メリハリをつけて休ませ、効率を上げるようにしたい。

　病欠や有給休暇を部下が申し出てきたときは、快く休ませる。休むことは社員の権利。ずる休みを疑ったり、理由をとやかく聞くより、その間の仕事をどうフォローするか考えたほうが生産的だ。派遣社員やアルバイトで補うなど、対応策を考えよう。

　有給休暇の場合、イベントとぶつかるなど、正当な理由があれば、休暇の日をずらすように指示できる。

　休暇をとるときは、仕事の進行を考えながらなるべく早めに申し出るよう、

産前産後休暇

産前は、出産予定日の6週間前から請求すれば取得できる。出産後は原則として8週間だが、6週間を経過したあとは、本人の希望があり医師が認めた場合は仕事についてもいい。

この子が三歳になるまではフレキシブルに働かせてもらうわ

育児休業

育児・介護休業法により、原則子どもが満1歳までは男女どちらでも育児休業をとることができる（一定の条件があれば1歳6ヵ月まで延長可）。休業中に会社から賃金が8割以上支払われないときは、雇用保険から育児休業給付が支給される。

部下に指導しておくことが必要だ。

気持ちよく働いて、互いに休める環境をつくりたい。たとえば、急用ではないのに、休日に部下の携帯に電話するのはNG。明日への鋭気を養うために、ゆっくり休んでもらおう。

介護休業

要介護状態にある家族がいる労働者は、最長93日の介護休暇をとることができる。休業中に会社から賃金が8割以上支払われないときは、雇用保険から介護休業給付金が支給される。

メンタルヘルス

三つのポイントに気をつけてストレスを回避する

3つのチェックでストレスを減らす

チェック1　人間関係を見直す

職場ストレスのなかで一番影響力があるのが人間関係。人間関係が悪いと、孤立感が深まり大きなストレスになる。部下と上司、同僚に信頼関係があると、多少仕事がきつくても、ストレスは緩和される。

チェック2　仕事の量を見直す

仕事の量、とくに労働時間の長さがストレスに影響する。身体の疲労や睡眠障害が出ることも。仕事が多いときほど、意識してこまめに休憩をとることが大切。

チェック3　仕事の質を見直す

わずかなミスが人命に関わる、期日に追われる、厳しいノルマなど、求められるレベルが高いほどストレスは大きい。ストレスに気づかずに頑張りすぎる人もいる。顔色や態度などの変化に注意したい。

「六時までに仕事を終わらせないとデートに遅刻してしまう」。これはちょっとしたストレス状況だが、むしろ張り切って早く仕事が片付いたりする。こうした適度なストレスはいいものだが、過度なストレスは危険。仕事の能率が落ちる、頭痛や肩こり、高血圧や胃潰瘍などの身体的な症状が出る、心の病になるなどの問題を引き起こす。

部下の態度や表情に変化があったらストレスでダメージを受けていないか注意してみる。職場で生まれるストレスの主な要因は上の三つ。現状を把握してひとつずつ改善していきたい。

また、管理職自身のストレスにも注意が必要。仕事の内容が変化して責任が重くなるため、自覚がなくてもストレスはかかっている。意識的に休息をとり、心身をリラックスさせよう。

こんなタイプが危ない

完璧主義
責任感が強い
考え方が悲観的・否定的
生真面目
気をつかう
他人の評価が気になる

上に挙げたような性格は、仕事をするうえでは好まれることが多い。しかし、同時にストレスに対する弱さや脆さが隠れているともいえるのだ。

部下の様子がおかしいと思ったら…

まず気づくことが大切。
今までと違う、暗くなったなど、気になることがあったら、そっと声をかけてみよう。

1 話をじっくり聴く

心に抱えている不安や悩みを吐き出させることが第一。他言しないことを約束して、苦しみを聴き理解すること。

2 職場環境を見直す

部下の考えを聴きながら、仕事の負担を減らしたり、職場環境を改善する（P122参照）など上司としてできることをやる。

気をつけたいポイント

プライバシーを漏らさない
無理にアドバイスをしない
強引に飲みに連れ出さない
頑張れなど、励まさない

元気か？
隣に座っていいかな
あ 島さん
どうぞ

3 専門家や病院でみてもらう

心の問題を抱えていると思ったら、休養をとらせたり、早めに専門家の力を借りるようにうながす。温かい態度で話をする。

カウンセリングを受けられる場

会社のカウンセラー
病院の精神科や心療内科
精神保健福祉センター
保健所
民間のカウンセリング施設

4 休職中・休職後のフォローをする

職場復帰したからといって完全な回復とはいえない。変に気遣う必要はないが、再発や悪化につながらないよう少しずつ前のペースに戻す。

人員不足を乗り切るコツ

全体の仕事を見直す
省いてよい仕事や作業をやめる、マニュアル化するなど、仕事の効率を上げる方法を考える（詳しくはP112へ）。

自分と部下の関係を見直す
自分の仕事を部下に押しつけていないか、あいまいな指示で部下に余分な仕事をさせていないか見直したい。

心の病はつねに、だれがかかってもおかしくないと考えておこう。あらかじめ対応策をもっていれば、いざというとき対応しやすい。

いじめ・ハラスメント

目配りと気配りで、気持ちよく働ける職場にする

いじめやセクハラはすべてに悪影響

被害者
心と身体に多大なダメージを負う。退職に追い込まれてしまうことも。

加害者
周囲からの信用をなくす。問題が発覚すれば、懲戒処分や損害賠償を求められる可能性もある。

周囲の社員
職場の雰囲気が悪くなり、働きにくくなってしまうことも。

会社
企業全体の生産性が落ちる。また、問題が公になると企業イメージが悪くなる、損害賠償を求められるなどの可能性もある。

○ 管理職は、職場の空気を敏感にキャッチしたい。無視されている社員がいる、よくないうわさ話が流れているなど、サインを見逃さないように。

人の多い少ないは関係なく、どんな職場でも人間関係の悩みやトラブルは起こるもの。その人間関係次第で、大変な仕事がスムーズにこなせたり、簡単な作業なのに滞ったりする。人間関係は仕事の成果に結びつく重要なカギなのだ。

とくに、いじめやセクハラといった問題があると当人だけでなく職場全体、会社全体に大きく影響が出る。こうした問題を見逃さず、未然に防ぐことが管理職に求められている。部下の表情や態度に変化がないか注意したい。

一方、管理職は、自分にその気がなくても、何気ない行動をパワハラだ、セクハラだといわれることがある。日頃から良好なコミュニケーションをとるように心がけ、誤解を招くような行動は控えたい。

パワー・ハラスメント

職場の空気を悪くする原因①

上司が職権などを盾にいじめや横暴な振る舞いをすること。パワハラと呼ばれることもある。パワハラが行われる背景は、下のように大きくふたつのパターンに分けられる。

パターン1
個人的な嫌がらせ

不満やストレスを解消するために自分の都合で部下にあたるケース。人に迷惑をかけないストレス解消法を探そう。

パターン2
企業ぐるみ

会社が組織的に解雇したい社員を追い詰めて、本人から辞職を申し出るように仕向けるケース。リストラなどが目的。

column
嫌な部下はクライアントだと考える

管理職も万能ではない。話を聴き、いい部分を見ようと努力しても、どうしても好きになれない部下がいることもあるだろう。ただの嫌なヤツなら無視して相手をしないのが一番だが、自分の部下であればそうはできない。いじめだととられても困る。

それならば、部下を「社外の人」「お客様」だと思って割り切ってつきあうしかない。感情的にならず、ビジネスライクに接するようにしよう。

セクシャル・ハラスメント

職場の空気を悪くする原因②

仕事上の関係を利用して、相手が望まない性的な行為、要求をしたり、相手を不快にさせる性的な発言や動作をすることによって、不利益を与えたり職場環境を悪化させることをいう。

対価型

経済的な不利益を盾に性的要求をする。

わしとつきあったら
正社員になれるぞ
そんな……

あれ　今日は
また一段と
色っぽいねぇ
カッ
カッ
彼氏と何か
あったの？
コツ
コツ

環境型

屈辱的な発言や振る舞いで職場環境を不快にする。

紛らわしい行動に注意!

- ✖ お茶くみを女性だけにさせる
- ✖ 酒席で酌や席順を強制する
- ✖ デュエットを強要する
- ✖ 肩を揉んだり髪をなでたりする
- ✖「うちの女の子」などと呼ぶ
- ✖ プライベートな話をしつこく聞く

○

セクハラかどうかの判断は行為を受けた側が決めることだ。軽い冗談やほめ言葉のつもりでやったことでも、相手が不快に思えばアウト。自分の妻や娘が同じことをされたらどう思うか考えて行動したい。

いじめやセクハラの相談を受けたら…

話を聴く

相談を受けたときは、まず相手の話をよく聴くこと。話したがらないことは、無理に聴き出さない。気持ちを吐き出すことで、本人も気分が落ち着き、問題点がはっきりする。

↓

プライバシーを守る

上司を信頼して相談してきているのに、その内容を勝手に人に話しては、部下の信頼を裏切ることになる。部下のためを思ってほかの人に手を貸してもらいたいと思うならば、部下に「○○にも相談してサポートしてもらおう」と伝えてから実行に移す。

↓

対応を一緒に考える

力になるつもりでいることを部下に伝え、どうすれば解決できるか一緒に考える。強引に解決しようとするのではなく、部下本人の気持ちを尊重しながら、社内の苦情窓口や専門家に助けを求める。一方だけでなく、両者の言い分を聴くことも大切だ。

あとがき

初めて部下ができ、その仕事振りを見ていると、もっとこうしてほしい、ああしてほしい、と思うことがたくさん出てくる。自分が部下だったときには、わからなかった「部下をもって初めて知る上司の気持ち」だ。

だが、一朝一夕に部下を変えることはできない。部下自身がその気にならないかぎり、成長し変化していくのはむずかしい。上司にできることは、教え、サポートするだけ。頑張らせよう、自分が指導しなくては、と肩肘をはってもストレスがたまるだけに終わることも。まずは肩の力を抜いて、部下の話をよく聴くことから始めたい。それよりも、自分の仕事を楽しみ、いきいきと働く背中を部下に見せるほうがよほど指導になる。

忘れないでほしいのは、部下を指導することは自分のためでもある、ということだ。知識として頭に入れたこと、ふだん考えないでやっていたことを部下に論理的に説明することは自分の仕事を見直すことにつながるからだ。

実際は、部下を使うなかで失敗を繰り返しながら、指導力をつけていくことになるだろう。その意味では、「部下」があなたを「上司」として育ててくれるともいえる。

本書は、初めて部下をもったときの心構えを中心に書いた。管理職としての一歩を踏み出すあなたの一助となれば幸いである。

なお、幻冬舎の福島広司氏、鈴木恵美氏、そして中村社会保険労務パートナーズの中村俊之氏に数々のアドバイスを頂戴した。この場を借りてお礼申し上げます。

弘兼憲史

平成十九年四月

●取材協力

中村俊之
（中村社会保険労務パートナーズ　社会保険労務士、人事コンサルタント）
東京都文京区本郷1-33-9 コージュ後楽園401
TEL03-3812-0559

●参考文献　以下の本を参考にさせていただきました。ありがとうございます。

「『管理職』と呼ばれる人の全仕事術」金津健治（プレジデント社）
「管理者の基礎テキスト」松田憲二（日本能率協会マネジメントセンター）
「これからのOJT」寺澤弘忠（PHP）
「ザ・リーダー」小林剛（情報センター）
「『叱り方』入門」梅森浩一（プレジデント社）
「上司につける薬!」高城幸司（講談社）
「上司を演じる技術」梅森浩一（かんき出版）
「職場のリーダーシップをめぐる問題事例」後藤敏夫編著（学陽書房）
「新任マネジャーの行動学」（日本経団連出版）
「図解 知っておきたい労働基準法」新村健生監修（ナツメ社）
「速攻ビジネスマナー」古谷治子（日本実業出版社）
「短時間で部下が伸びる!パワーコーチング」松本幸夫（成美堂出版）
「チームマネジメント」古川久敬（日本経済新聞社）
「できる上司は『道化』になれる」弘兼憲史（新講社）
「話せぬ若手と聞けない上司」山本直人（新潮社）
「弘兼憲史の会社新作法」弘兼憲史（講談社）
「部下の力を引き出す10人までの人使い」堀之内克彦（あさ出版）
「マンガでわかるコーチング・ルール」播磨早苗（PHP）
「目からウロコのコーチング」播磨早苗（PHP）
「優秀なリーダーは『心理学』で人を動かす」冨重健一（こう書房）

弘兼憲史（ひろかね　けんし）

1947年山口県生まれ。早稲田大学法学部卒。松下電器産業（現パナソニック）販売助成部に勤務。退社後、1974年漫画家デビュー。以後、人間や社会を鋭く描く作品で、多くのファンを魅了し続けている。小学館漫画賞、講談社漫画賞の両賞を受賞。家庭では二児の父、奥様は同業の柴門ふみさん。代表作に、『課長 島耕作』『部長 島耕作』『加治隆介の議』『ラストニュース』『黄昏流星群』ほか多数。『知識ゼロからのワイン入門』『知識ゼロからのカクテル＆バー入門』『知識ゼロからの簿記・経理入門』『知識ゼロからの企画書の書き方』『知識ゼロからの敬語マスター帳』『知識ゼロからのM＆A入門』『知識ゼロからのシャンパン入門』（以上、幻冬舎）などの著書もある。

装幀　カメガイ デザイン オフィス
装画　弘兼憲史
本文漫画　『課長 島耕作』『部長 島耕作』『取締役 島耕作』『ヤング 島耕作』『島耕作の優雅な1日』（講談社刊）より
本文デザイン　バラスタジオ（高橋秀明）
編集協力　重信真奈実　オフィス201（高野恵子）
編集　福島広司　鈴木恵美（幻冬舎）

知識ゼロからの部下指導術

2007年6月25日　第1刷発行
2012年1月30日　第11刷発行

著　者　弘兼憲史
発行人　見城　徹
編集人　福島広司

発行所　株式会社 幻冬舎
〒151-0051　東京都渋谷区千駄ヶ谷4-9-7
電話　03-5411-6211（編集）　03-5411-6222（営業）
振替　00120-8-767643
印刷・製本所　株式会社 光邦

検印廃止

ISBN978-4-344-90106-3 C2095
Printed in Japan
幻冬舎ホームページアドレス　http://www.gentosha.co.jp/
この本に関するご意見・ご感想をメールでお寄せいただく場合は、comment@gentosha.co.jpまで。